Nützlinge in Garten und Gewächshaus

In dieser Reihe sind bisher erschienen:

Gertrud Franck
Gesunder Garten durch Mischkultur

Karl-Heinz Mücke
Der Intensivgarten

Walter Nowack-Nordheim
Freude am Bauerngarten

Maria Sansoni/Christoph Köchel
Das kleine 1×1 des Gärtners

Georg E. Siebeneicher
Mein Garten in der Stadt

Helmut Snoek
Gesunde Pflanzen in Zier- und Nutzgarten

Horst Wendt/Hartmut Hildebrandt
Biologischer Gartenbau unter Glas und Folie

Helmut Snoek

Nützlinge in Garten und Gewächshaus

SÜDWEST VERLAG MÜNCHEN

Herausgeber: Georg E. Siebeneicher

ISBN 3-517-00797-8

Umschlaggestaltung: Design-Team, München
Satz: Karl Wenschow GmbH, München
Druck und Bindung: Kösel, Kempten

Inhalt

Einführung

»Herr, die Not ist groß! Die ich rief, die Geister, werd ich nun nicht los ...«
So heißt es in Goethes Ballade vom Zauberlehrling. Hat er damit etwa unsere heutige »Chemische Landwirtschaft« gemeint? Fast scheint es so!
Dieses Buch mit dem Titel »Nützlinge in Garten und Gewächshaus« soll dazu anregen, mit für uns nützlichen Tieren und Pflanzen, an Stelle chemischer Mittel, Schädlingsbefall und Krankheiten an den Nutz- und Zierpflanzen zu verhüten oder auch wirksam zu bekämpfen.
Die chemische Industrie mit ihren vielen Präparaten für den Garten und die Gewächshäuser hat die Arbeit leicht gemacht, und viele Gartenfreunde haben sich in dieser Hinsicht verwöhnen lassen. Seit rund hundert Jahren kennen wir eine Agrochemie, aber erst in den letzten dreißig Jahren, also in der Zeit nach dem Zweiten Weltkrieg, den Begriff der »Chemischen Landwirtschaft«. Heute können sich viele kaum noch vorstellen, wie man ohne Anwendung chemischer Mittel überhaupt noch ernten kann. Und weil es – vermeintlich – so bequem und sicher war, haben wir vielfach den Kontakt mit der Natur verloren, halten wir alles Wünschbare auch für machbar, haben wir zweifelsohne in der Anwendung der Produkte übertrieben und stehen heute vor der Frage: Wie wird es weitergehen?
In immer stärkerem Maße nämlich müssen wir erkennen, wie sehr die hohe Wirksamkeit der chemischen Produkte sich gegen die Natur, ja gegen uns selbst wendet. Es besteht die ernste Gefahr, daß unsere gesamte Umwelt sich verändert, daß sie verarmt, verödet, krank wird. Und natürlich sind wir selber in diesem Prozess mit eingeschlossen.
Dieses Buch will zeigen, daß es auch anders geht; es will ein wenig zur Rückbesinnung auffordern. Seit Jahren sind in Zeitungen, Rundfunk und Fernsehen, in Aufsätzen und Büchern in steigendem Maß Warnungen vor zu viel Chemie in unseren Gärten ausgesprochen worden. Warten wir doch nicht auf andere, auf gesetzliche Bestimmungen und Verbote, sondern versuchen wir in unserem eigenen Garten das natürliche Gleichgewicht der Natur wieder herzustellen; zu unserem eigenen Nutzen und vielleicht auch zur Anregung für unsere Nachbarn.
Hundert Jahre Chemie in der Land-

wirtschaft – das ist nur eine Sekunde in der Geschichte des Ackerbaues. In Tausenden von Jahren aber mußte die Menschheit sich ihre Nahrung erkämpfen und sichern. Auch unsere Voreltern wollten ja satt werden. Sieht man von Katastrophenzeiten, Kriegen und Seuchen vieler Art ab, so haben sie es, trotz zum Teil großer Unwissenheit, eigentlich außerordentlich gut verstanden, »biologisch« zu ackern und ausreichend zu ernten. Man denkt heute kaum noch daran, daß es schon vor Tausenden von Jahren Städte mit Hunderttausenden von Einwohnern gegeben hat, wobei ja auch die Ernährung dieser Bevölkerung funktioniert haben muß. Verwundert fragt man sich: Wie haben die das eigentlich gemacht? Da ist uns von Religionen, Königen und Kriegen, auch von technischen Dingen früherer Zeiten viel überliefert, von diesen einfachen Fragen des täglichen Lebens hingegen herzlich wenig.

Die Idee zu diesem Buch entstand, als der Verfasser vor einigen Jahren anläßlich einer Studienreise in die Schweiz einen Gärtner kennenlernte, der seine Gewächshäuser vorwiegend mit sogenannten »nützlichen Insekten« schädlingsfrei hielt. Diese Art der Schädlingsbekämpfung verblüffte. Im übrigen arbeitete er ausschließlich nach biologischen Anbaumethoden. Das erzeugte Gemüse und Obst war hervorragend, die Ernte reich, der Geschmack nicht zu übertreffen, es war ein Genuß, hiervon zu essen.

Den Verfasser interessierte dieses Thema ungemein, und er dachte, auf eine reichhaltige Literatur zu stoßen, die ihm weitere Anregung geben könnte, das war aber nicht der Fall. Einzelberichte, Aufsätze in Fachzeitungen, Heftchen – das gab es wohl, aber keine zusammenhängende Schrift, die alles heutige und auch frühere Wissen über sogenannte Nützlinge, d. h. Pflanzen, mehr aber noch Tiere, die uns im Garten oder Gewächshaus helfen können, zusammenhängend und besonders *für Laien verständlich,* darstellt.
Monatelang wurden Bibliotheken durchforstet, um diesen Fragen nachzugehen. Die Berichte aus dem Altertum, dem Mittelalter und sogar aus neuerer Zeit waren spärlich. Vermutlich wurde alles als Erfahrungswissen vom Vater auf den Sohn vererbt, oder die Tatsachen waren so allgemein bekannt, daß es sich einfach nicht lohnte, darüber zu berichten. Erst als der Buchdruck weitere Verbreitung fand, Bücher und Schriften erschwinglicher wurden, veröffentlichte man auch solche Dinge. Ab etwa Mitte des 18. Jahrhunderts wird die landwirtschaftliche Literatur über Nützlinge reichhaltiger und steigert sich bis in die Zeit kurz vor dem Ersten Weltkrieg.

1 Rote Mordwanze – *Rhinocoris iracundus,* 15 mm.

2 Gottesanbeterin – *Mantis religiosa,* Männchen.

1

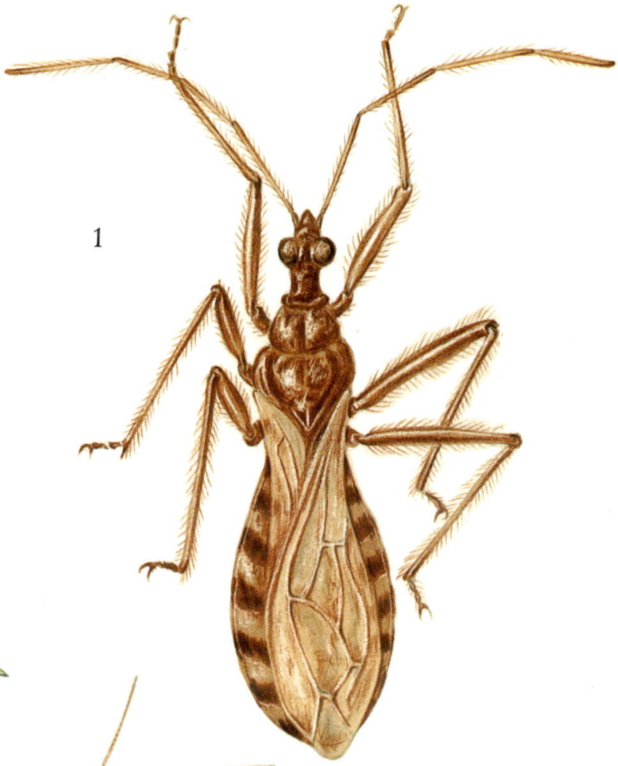

2

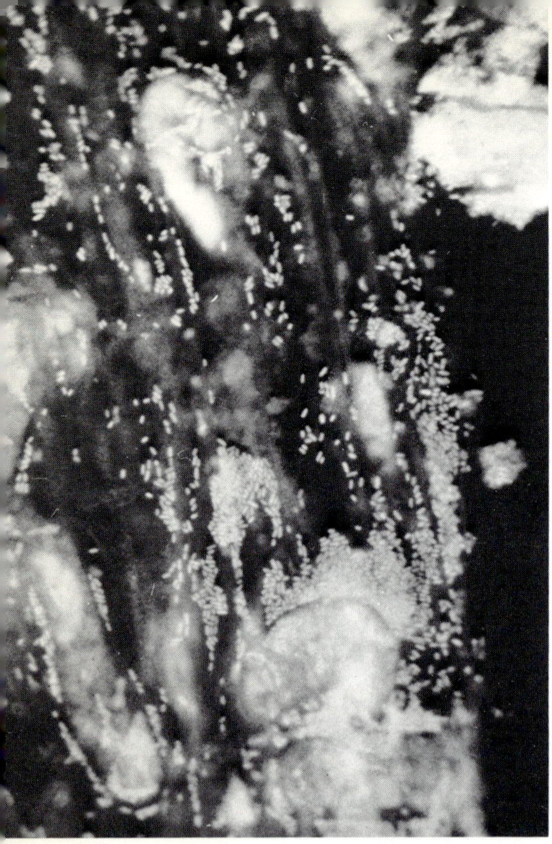
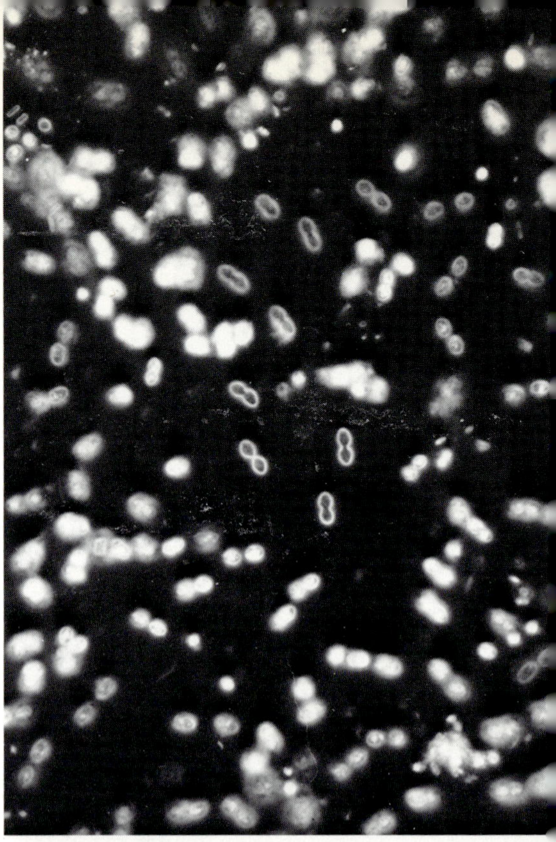

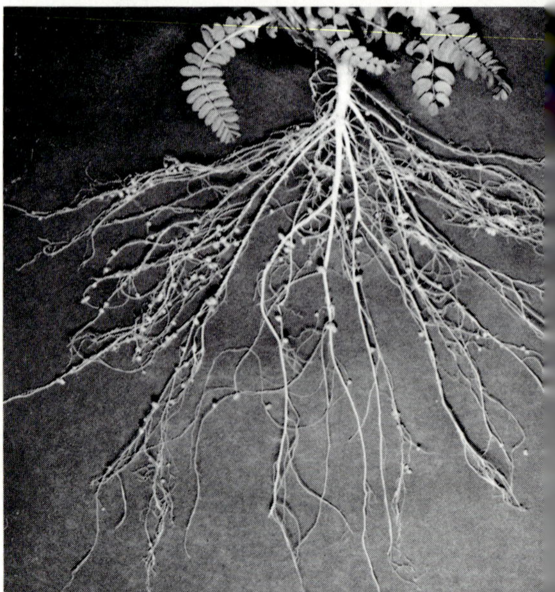

Dann ist Schluß, dann kam die Chemie, und völlig andersartige Berichte tauchten auf.
Erst in den letzten zwanzig Jahren hat sich wieder ein reiches Schrifttum über den biologischen Gartenbau angesammelt. Vergleicht man aber diese neuen Erkenntnisse mit den alten Erfahrungen, so stellt sich Verblüffung ein: Das wußten wir ja alles schon einmal! Damit hat man früher wie selbstverständlich gearbeitet! Angebliche Neuentdeckungen sind gar nicht neu, das Wissen war nur verschüttet und ist offensichtlich jetzt wieder erarbeitet worden.
Zoologie und Biologie sind jedoch nicht stehengeblieben, auch haben uns verfeinerte Beobachtungsinstrumentarien wie Mikroskop und Film, bessere Analysenmöglichkeiten usw. zu weiteren Einsichten verholfen.
Erfahrungswissen *und* moderne Kenntnis – das wurde in diesem Buch zusammengetragen. Es werden nicht nur viele Nützlinge beschrieben, sondern es wird auch darauf hingewiesen, wie man *bewußt* mit ihnen arbeiten kann, um die Schädlinge im Garten und Gewächshaus zu bekämpfen, sie in natürlichen Grenzen zu halten.

Wurzeloberfläche von Rotklee, dicht mit Bakterien besetzt. – Azotobakter-Bakterien, im Dunkelfeld aufgenommen, etwa 200fach vergrößert. – Knöllchen an Sanddorn, ca. 1,5 cm groß. – Wurzeln einer Leguminose; die darin enthaltenen Bakterien sammeln Luftstickstoff.

Maßgebend ist dabei der Gedanke, in Gemeinsamkeit mit bodenpflegerischen Maßnahmen, mit entsprechender Sortenwahl unserer Nutzpflanzen, ihrem Anbau im Sinn eines gemischten Gartenbaues, *zusammen* mit konsequenter Nützlingspflege, Nahrungsmittel zu erzeugen, die unseren heutigen hohen Ansprüchen genügen, aber ohne den Einsatz von Giftstoffen herangezogen wurden. Denn das steht fest: *Eine* der vielen Methoden des biologischen Landbaues allein – das geht sicher nicht, führt nicht zum Erfolg. Erst bewußter Einsatz *aller* dieser Möglichkeiten bringt befriedigende Ergebnisse.
Über biologischen Anbau, ebensolche Düngung, über Mischkulturen usw. geben viele Fachbücher beste Auskunft. Wie man aber zusätzlich noch die Nützlinge im Garten heimisch halten, ja sogar mit ihnen arbeiten kann, darüber soll dieses Buch berichten. Es möge ein brauchbarer Ratgeber sein.
Zum Schluß aber noch etwas: Die biologische Land- und Gartenwirtschaft, und besonders auch die Nützlingspflege, die »Zusammenarbeit« mit diesem Tieren, macht Freude! Sie führt zurück zur Natur, zu einem besseren Beobachten und größerem Verständnis für viele Zusammenhänge in unserer Umwelt. So gesehen soll diese Schrift nicht nur eine Anleitung sein, wie man es auch anders machen kann, sondern seine Hinweise können vielleicht auch zu einer anderen Einstellung gegenüber der Natur und darüber hinaus zu einer Bereicherung des Lebens führen.

Einiges wird möglicherweise manchem als zu einfach, zu wenig modern oder auch nicht »wissenschaftlich« genug vorkommen. Aber es ist wie mit so vielen Dingen im Leben: Wenig ist oft mehr, und alle wirklich guten Ratschläge sind stets auch einfach. Doch gerade die teilweise so simplen Vorschläge haben es in sich! Sie funktionieren nämlich nicht bei einem Versuch, den man ja mal machen kann; nein, ihre Erfolge zeigen sich erst bei konsequenter Anwendung. Da wird es dann manchmal schwer!

Konsequenz bedeutet: Nerven behalten, sich nicht entmutigen lassen, warten können, auch Fehlschläge einstekken, aber den Weg trotzdem unverdrossen weitergehen. Biologische Methoden anzuwenden, braucht einfach Zeit, bringt keine Augenblickserfolge – deshalb passen sie ja auch so schwer in die heutige Zeit.

Aber das Ziel lohnt! Überzeugt das Buch und wollen Sie den Garten anders als bisher bearbeiten, so bleiben Sie konsequent, zwei, drei Jahre lang – und dann urteilen, vergleichen Sie!

Inhalt und Aufbau dieses Buches

Es wird immer wieder auf die Gesamtsicht des biologischen Landbaues hingewiesen: Erst das *Zusammenwirken* aller Möglichkeiten und Methoden, in überlegter Reihenfolge, macht die biologische Landwirtschaft aus. Dennoch wird hier nur ein Teil dieser Anbaumethode besprochen, die Schädlingsbekämpfung.

Nützlinge sollen dazu dienen, Schädlinge niederzuhalten oder sie gar nicht erst aufkommen zu lassen.

Wer sich für dieses Thema interessiert, bei dem darf man voraussetzen, daß ihm die Schädlinge oder auch die von ihnen verursachten Schäden bekannt sind, sei es aus eigener Anschauung oder aus der Literatur. Die Nützlinge jedoch sollen hier vorgestellt werden. Sie sind in den einzelnen Kapiteln nach den jeweiligen großen Tiergruppen geordnet. Die ganze Tiergruppe samt ihren Lebensgewohnheiten wird stets zusammenhängend beschrieben; dann aber werden ausschließlich die Nützlinge innerhalb dieser Gruppe erläutert. Handelt es sich dabei um eine Tierfamilie, deren Mitglieder alle gemeinsame Merkmale aufweisen, so entfällt eine weitere Einzelbeschreibung. Sind es dagegen einzelne Tierarten einer Familie, die uns helfen sollen, so werden diese genannt und ihr Verhältnis im Hinblick auf Nutzen und Schaden (N:S) abgewogen.

Kein Tier stiftet nur Nutzen, es wird immer auch irgendwo Schaden anrichten; auf das Verhältnis kommt es an. Die Tiere, die uns nützen können, also keinesfalls vertrieben oder gar getötet werden sollten, sind mit einem Kreuz (+) versehen, die besonders nützlichen Arten bekommen zwei Kreuze (++), und die Tiere, um die wir uns in jedem Fall bemühen müssen, da sie gewissermaßen unersetzlich für einen gesunden Garten sind, wurden mit drei (+++) Kreuzen versehen.

Wir haben uns angewöhnt, unsere Umwelt als nützlich oder schädlich – für uns – zu klassifizieren. Auch dieses Buch macht darin keine Ausnahme, zumal es ja Hilfe vermitteln soll. Liebe zur Natur beweist sich aber darin, daß wir Ehrfurcht vor ihr haben, nicht nur nach gut oder schlecht, nützlich oder schädlich einstufen, sondern erkennen, daß jedes Lebewesen, gleich ob Pflanze oder Tier, seinen ihm zugewiesenen Platz ausfüllt. Wissen wir wozu? Es ist da, es möchte auch leben. Und wenn es uns nicht direkt schadet – lassen wir es doch! Freuen wir uns an der Vielfalt der Natur, an ihrem Reichtum.

Am Ende dieses Buches findet sich ein umfangreiches Literaturverzeichnis, ein Lieferantenhinweis sowie ein Stichwortregister, das die einzelnen Nützlinge mit ihrem deutschen und lateinischen Namen aufzählt. Lateinische Bezeichnungen stehen auch innerhalb des Textes, weil nur diese eine exakte Kennzeichnung ermöglichen.

Lernen wir die Nützlinge kennen – sie vermögen im Garten mehr Hilfe zu bringen, mehr Arbeit abzunehmen, als wir es uns vorstellen können.

Die Natur lebt im Gleichgewicht

Die Überschrift dieses Kapitels ist ein Kernsatz im naturgemäßen Landbau. Ein weiterer ist genauso wichtig:

Die Natur will Vielfalt!

Wer diese beiden Erkenntnisse mißachtet, lebt *gegen* die Natur, er bekommt seine Quittung – irgendwann und irgendwie.
Die moderne, chemisch orientierte Landwirtschaft verstößt in immer größerem Maß gegen diese Regeln. Wer ihr nachfolgt, verstrickt sich immer mehr in den »silbernen Schleier«*, aus dem es kein Entrinnen gibt.
Geht man auf eine nicht bewirtschaftete Wiese, eine Feucht- oder Streuwiese, so ist es schier unglaublich, was dort an Gräsern und Blumen wächst. Ebenso verhält es sich mit einem in Ruhe gelassenen Mischwald. Die Vielfalt an Baumarten, an Unterholz und niederen Pflanzen sowie natürlich auch in der Kleintierwelt erstaunt uns immer wieder. Und – diese Lebensräume sind gesund! Kein Insekt und kein Schadpilz richtet dort verheerenden Schaden an so wie manchmal in unseren Gärten. Schadinsekten und -pilze gibt es ganz selbstverständlich, sie sind ja ein Teil der Natur. Ihre Aufgabe beschränkt sich aber vor allem auf das Ausmerzen von ohnehin kranken, schwächlichen Pflanzen.
Die sogenannten Schädlinge oder die Pilzkrankheiten stellen also in einem biologisch gesunden Umfeld stets das natürliche Regulativ dar. Das könnten sie auch in unseren Gärten sein, wenn wir in diesem Umfeld nicht ständig gegen die beiden eingangs erwähnten Naturgesetze verstoßen würden. In Monokulturen jedoch, und seien sie noch so klein, in überdüngten oder durch zuviel Spritzungen in der Ökologie gestörten Gärten, da wirken die Schädlinge verheerend und müssen nun durch noch mehr Gifte niedriggehalten werden. Ausmerzen können wir sie nicht. Der Teufelskreis ist da, seine Spirale dreht sich immer enger. Viel

---

*»Der silberne Schleier«, so lautet der Titel eines aufrüttelnden Buches des ehemaligen niederländischen Pflanzenschutzdienst-Leiters und bekannten Forschers C. J. Briejèr, der schon vor zwanzig Jahren beschrieb, in welche Sackgasse uns die Flut chemischer Pflanzenschutzmittel geführt hat.

Zeit, hier auszubrechen, haben wir nicht mehr, soll nicht unser Garten zum Chemielabor werden.

Um den Verfasser richtig zu verstehen: Er verdammt die chemischen Pflanzenbehandlungsmittel nicht vollständig – er möchte sie aber lediglich und höchstens als Medizin verstanden wissen. Medizin nur dann, wenn wirklich etwas zu heilen ist, gewissermaßen als Feuerwehr in Katastrophenfällen.

Beachten wir die beiden Naturgesetze des Gleichgewichts und der Vielfalt, leben konsequent nach ihnen, ja fördern sie sogar bewußt, so vermögen wir uns verhältnismäßig schnell – hierunter wird ein Zeitraum von zwei bis drei Jahren verstanden – aus dem »silbernen Schleier« zu befreien. Es ist also ein Weg gemeinsam mit der Natur, wobei durch hilfreiches, schonendes Eingreifen versucht wird, unsere Wünsche doch bestmöglich zu erfüllen.

Das geht, macht viel Freude, auch nicht mehr Arbeit, und der Garten braucht keinesfalls schlechter auszusehen, als wenn stets alles wie geschleckt gehalten wird. Muß denn ein Rasen jede Woche geschnitten werden? Lassen wir das Gras doch einmal wachsen – nur dann kommen auch die Blumen wieder. Wenn man aber glaubt, gleich aus welchen Gründen, es müsse so sein (etwa wegen der Nachbarn?), so sollten doch wenigstens ein paar Quadratmeter wieder zur Wiese werden, gewissermaßen als Lehrstück für natürliche Vielfalt. Man wird staunen, was und wie schnell sich dort vieles wieder ansiedelt und wie bunt ein solches Stück Wiese sein kann. Im Gemüsegarten werden die Regeln der *Mischkultur* beherzigt; die Spritze wird nicht benutzt und an den Düngersack nur sehr überlegt herangegangen. Der Komposthaufen aber wird mit Sorgfalt gepflegt. Alles Getier, das sich im Garten einfindet, wird in Ruhe gelassen, den Nützlingen nach den Vorschlägen dieses Buches geholfen. So werden am besten die beiden Regeln des naturgemäßen, des biologischen Anbaues befolgt. Der Garten wird dabei anders werden, aber keinesfalls weniger schön. Er ähnelt mehr einem »Bauerngarten«. Aber ist denn dieser nicht der Inbegriff des bunten, fröhlichen und gesunden Wachstums? Ein Stück Erinnerung an die gute, alte Zeit kehrt zurück, verbunden aber mit dem Wissen der heutigen Generation.

Werden die zwei Grundregeln vom Leben im Gleichgewicht und von der natürlichen Vielfalt beherzigt – dann ist der Sinn dieses Buches verstanden worden.

Schädling – Nützling – was ist denn das?

Eine Rose im Weizenfeld, eine Weizenpflanze im Rosenbeet – schöne und nützliche Pflanzen sind in einer jeweils nicht passenden Umgebung Schädlinge. Unsere Katze jagt Mäuse, ist also ein Nützling. Haben wir aber Blindschleichen im Garten, so verfolgt sie auch diese erbarmungslos. Jetzt wird sie also zum Schädling, denn die Blindschleiche ist für den Garten einer der wertvollsten Nützlinge, die wir kennen: sie frißt schädliche Bodeninsekten. Eine Meise oder ein Rotkehlchen jagt Insekten in kaum vorstellbarer Menge. Leider besteht aber auch ein erheblicher Teil hiervon aus sogenannten Nutzinsekten. Was ist nun die Meise, das Rotkehlchen? Ein Nützling, ein Schädling?

An diesen Beispielen merken wir, daß es absolute Nützlinge nicht gibt und daß jeder Nützling oder Schädling immer nur in einem gewissen, genau bestimmten Umfeld ein solcher ist, in einem anderen Umfeld aber die genau entgegengesetzte Eigenschaft annehmen kann. Es liegt an uns: Stets beziehen wir die Eigenschaft »schädlich« oder »nützlich« auf das Verhältnis zu unseren Ansichten und Forderungen. In kaum einem Fall urteilen wir danach, wie sich das Verhältnis zum Schädling im außermenschlichen Bereich, das heißt in der Natur, verhält. Wir sind aber auch ein Teil dieser Natur, wir sollten es uns angewöhnen, auch diese Überlegung bei unserer Urteilsfindung einzubeziehen. Die Natur denkt nicht wie wir Menschen. Auch das scheinbar nutzloseste Tier, auch die merkwürdigste Pflanze hat hier irgendwie ihre Daseinsberechtigung, ist einmal entstanden und konnte ihre Art erhalten. Also übt sie eine Funktion aus. Nach dem »Warum« zu fragen, steht uns nicht zu, denn das hieße ja uns selber in Frage zu stellen. Der Mensch ein Nützling? Also, ich weiß nicht recht!

Trotzdem müssen wir nach Nützlingen und Schädlingen unterscheiden, zumindest in diesem Buch. Wenn in den späteren Einzelbeschreibungen das Verhältnis von nützlich zu schädlich (N:S) genannt und zusätzlich noch durch Kreuze eine Bewertung vorgenommen wird, so bezieht sich diese Einstufung stets auf das Nützlings- bzw. Schädlingsverhältnis zum Menschen, zu seiner Nahrung und nur im

Umfeld Garten, Gewächshaus, Landwirtschaft. Die Bewertung gilt also keineswegs für das Hausinnere, die freie Natur oder wie viele Unterscheidungen wir sonst noch zu treffen vermögen. Niemand soll sich wundern, wenn unsere Hauskatze in diesem Buch als »schädlich« eingestuft wird, denn im Umfeld Garten ist sie dies zweifelsohne. Unser Haushund ist »nützlich«, denn er verjagt die Katze; das Buddeln von Löchern kann man ihm ja abgewöhnen.

Für uns nützliche oder schädliche Lebewesen sind keineswegs nur in der Tierwelt zu suchen, sondern genauso unter den Pflanzen, in Hefen, Viren, Bakterien usw. Natürlich konnten diese Dinge nur summarisch behandelt werden, Gartenbücher des biologischen Landbaues erklären dies ausführlicher.

Wenn also im weiteren Teil des Buches gefordert wird, zum Beispiel Maulwürfe nicht mehr zu jagen, Käfer im Garten keinesfalls als Schädlinge anzusehen, Kröten oder Schlangen freudig zu begrüßen, so ist das nicht als eine absolute Forderung aufzufassen, sondern lediglich im Hinblick auf die Gesundheit des Gartens. Es kommt, wie immer, auf den Standpunkt an und es liegt an jedem einzelnen, wie er entscheidet:

Warum nicht für die biologische Schädlingsbekämpfung mittels Nützlingen, wie sie hier aufgezeigt wird?

Vom Unsichtbaren zum Allerkleinsten

Gerüche, Viren, Bakterien, Hefen, Pilze, Würmer

Gerüche

Gerüche entstehen überwiegend aus Ausscheidungs- oder Stoffwechselprodukten tierischer und pflanzlicher Lebewesen. Sie sind Erkennungssignale, sie stoßen ab oder ziehen an, je nachdem, welchem Zweck sie dienen sollen. Gerüche in der Natur sind daher niemals eine sinnlose Beigabe einer Pflanze, eines Tieres, sondern sie sollen stets etwas bewirken. Es ist längst bekannt, daß der starke Duft einer Blüte spezifisch wirkt auf genau dasjenige Insekt, das geeignet ist, die Fortpflanzung gerade dieser Pflanze zu sichern, hingegen abstoßend wirkt auf andere Insektenarten, die keine Befruchtung ermöglichen. Ähnlich verhält es sich in der Tierwelt, und – schmunzeln wir ruhig – wie ist es denn bei uns? Auch der spezifische Körpergeruch des Menschen zieht den einen an, stößt den anderen ab. Heute sind wir hygienisch geworden, der körpereigene Geruch gilt nichts mehr, dafür verwenden wir Parfüm und Deodorant – aber dies mit den gleichen unterschwelligen Gedanken.

Die Duftstoffeigenschaft kann vielfältig in der Gartenpflege ausgenutzt werden. Praktische Beispiele hierzu: Eine Zwiebelfliege möchte zur Fortpflanzung ihrer Art Eier ablegen. Von der Natur her ist sie so programmiert, daß sie dies nur auf einer Zwiebelpflanze tun kann, denn allein diese sichert den Eiern und den ausschlüpfenden Larven ihre Existenz, die erste Nahrung. Ihre Sinnesorgane erfassen den Zwiebelgeruch und melden ihr: Dort ist es richtig.

Was macht nun der biologische Anbauer? Er pflanzt Zwiebel neben Mohrrübe. Es findet jetzt in der Umgebung

3 Links: Streifenwanze – *Graphosoma italicum,* 8 mm. Rechts: Grüne Stinkwanze – *Palomena viridissima, 12 mm.*

4 Florfliege (Goldauge) – *Chrysopa vulgaris,* bis 20 mm.

5 Schlangenäugige Kamelhalsfliege – *Rhaphidia ophiopis,* Weibchen, 20 mm.

6 Holzschlupfwespe (Pfeifenräumer) – *Rhyssa persuasoria,* Weibchen, eine Holzwespenlarve anstechend.

7 Echte Schlupfwespe – Familie *Ichneumonidae – Protichneumon pisorius.*

3

4

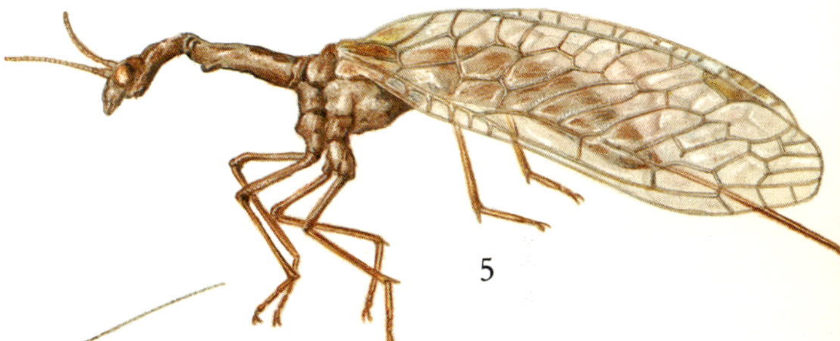

5

6

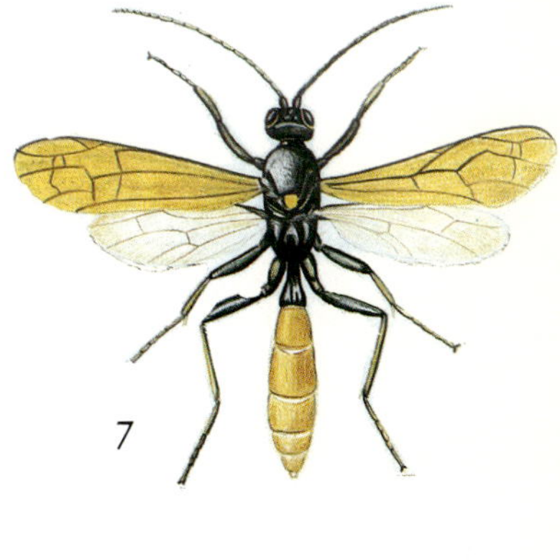

7

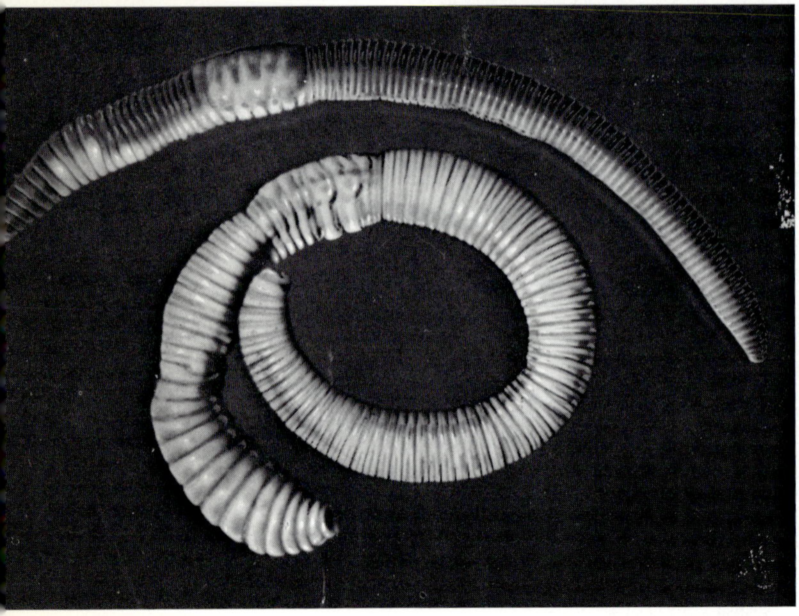

beider Pflanzen eine erhebliche Geruchsvermischung der typischen Ausdünstungen statt. Und die arme Zwiebelfliege? Sie bekommt kein reines Geruchssignal mehr, sie wird verwirrt. Ihr inneres Programm sagt ihr, daß sie hier ihre Eier nicht ablegen darf. Also zieht sie weiter und sucht woanders. Hier ist der Sinn des sogenannten gemischten Anbaues zu sehen, soweit er sich Gerüche zunutze macht. Natürlich kann man auch Mohrrübensaft gewinnen und als Schutzspritzung über die Zwiebel sprühen. Auch das hilft sicher, ist aber umständlicher in der Anwendung.

Ein anderes Beispiel: Jeder weiß, wie in der Reifezeit der Zwetschgen die Wespen sich begierig auf die süß werdenden Früchte stürzen und sie anfressen. Es ist der typische Zwetschgengeruch, auf den die Sinnesorgane der Wespe reagieren. Versteht man es, diesen Geruch zu überdecken, so fliegt sie auch in kürzester Entfernung an einer Zwetschge glatt vorbei. Das ist ganz einfach: Etwas Gras, beigemengt noch ein wenig Rosmarin oder Thymian, läßt man, mit Wasser übergossen, ein, zwei Tage stehen, um die Flüssigkeit dann als Spritzbrühe auf die Zwetschgen zu sprühen. Dies verwirrt den Geruchssinn der Wespen. Unser Riechorgan aber, das viel gröber arbeitet, wird dabei keinesfalls gestört, nimmt den andersartigen Geruch gar nicht wahr.

Die biologische Landwirtschaft macht viel Gebrauch von solchen selbst hergestellten Pflanzenauszügen und wendet sie für allerlei Zwecke an.

Wissenschaftlich wird das Prinzip mit den sogenannten »Pheromonen« ausgenutzt. Dies sind Geruchsstoffe – meist Sexuallockstoffe – weiblicher Insekten. Die Männchen nehmen sie über oft weite Entfernungen wahr und werden dann in Fallen eingefangen. Diese bestehen aus großen Papptafeln, mit Leim angestrichen, der mit Pheromon-Lockstoffen versehen wurde. Ein ganz neuer Zweig der Insektenbekämpfung entsteht hier, denn man kennt heute neben natürlich gewonnenen Duftstoffen auch schon solche, die im Labor hergestellt werden.

Seiten dieses Buches könnten mit solchen Beispielen gefüllt werden. Es geht aber mehr um das Prinzip. Mit etwas Phantasie kann sich eigentlich jeder geeignete »Antigerüche« ausdenken und ausprobieren. Sie wirken fast immer! Es kommt dabei nicht so sehr auf die Art oder Intensität eines andersartigen Geruches an, sondern offensichtlich darauf, daß er eben so deutlich andersartig ist, daß er einen sonst typischen Geruch für das Insekt überdeckt. Dies Ganze ist noch ein recht junges Gebiet des biologischen Anbaues, es verdient stärker beachtet zu werden und lädt zu Versuchen im eigenen Garten direkt ein.

Oben: Kästen zur Vermehrung von Regenwürmern. – Links: Zwei der am meisten verbreiteten Regenwurmarten: oben Mistwurm *(Eisenia foetida)*, unten Ackerregenwurm *(Allolobophora aliginosa)*. – Rechts: Regenwurmkot in fruchtbarem Boden.

Viren

Viren sind die einfachsten und kleinsten fortpflanzungsfähigen Einheiten, die die Natur kennt. Sie besitzen keinen eigenen Stoffwechsel, sondern sind auf fremde Lebewesen bzw. lebende Zellen als Wirt angewiesen, wenn sie sich vermehren wollen. Da manche Viren kristallisierbar sind, abgetötet werden können und sich später trotzdem wieder fortpflanzen, streitet man sich, ob sie überhaupt zu den Lebewesen gerechnet werden sollen.

Wir alle kennen Virenerkrankungen an uns. Auch in der übrigen Natur kann das vermehrte Auftreten von krank machenden Viren schlimme Folgen haben, da wir ihnen meist hilflos gegenüberstehen. Nun hat es die Wissenschaft aber verstanden, im Bereich der Insektenbekämpfung Viren für uns dienstbar zu machen. So ist man z. B. in der Forstwirtschaft so weit, daß gegen bestimmte Schadinsekten in Laboratorien gezüchtete Viren durch Hubschraubereinsatz ausgebracht werden, um nur eine einzelne Insektenart und diese auch noch während einer bestimmten Entwicklungsstufe ihres Lebens zu bekämpfen. Gegen den Neuzuzug gerade dieses Insektes ist dann der Wald auf lange Zeit hindurch geschützt, denn die Virenart verbleibt ja in diesem Bereich.

Die Forschung dieses Gebietes schreitet schnell fort, und es ist anzunehmen, daß wir in einigen Jahren über eine ganze Reihe solcher »Spezialviren« verfügen.

Viren als Nützlinge? Warum nicht, vorausgesetzt, es ist sichergestellt, daß nicht durch eine unkontrollierte Veränderung (Mutation) solcher Viren anderweitig Schaden entsteht. Der Einsatz der jetzt schon vorhandenen Virenprodukte ist privaten Personen noch nicht erlaubt, nur der öffentliche Pflanzenschutzdienst darf damit umgehen.

Bakterien

Im Vergleich zu Viren sind Bakterien richtige Lebewesen mit Nahrungsaufnahme, Stoffwechsel und Ausscheidung. Gerade diese Dinge sind es ja, die uns bei bakteriellen Erkrankungen so zu schaffen machen. Andererseits steht aber fest, daß es ohne Bakterienleben auf dieser Erde überhaupt kein höher organisiertes Leben geben könnte. Was passierte denn mit dem abgestorbenen organischen Material aller unserer Pflanzen, Tiere, bis hin zu uns selbst, wenn nicht Bakterien für Zersetzung und damit für Rückführung in wieder verwendbare Nährstoffe für neues Leben von morgen sorgen würden? Sicher, krank machende Bakterien sind schlimm, aber wenn man zum Beispiel die im Darm vorhandene Bakterienflora wegnähme, könnten wir nicht mehr verdauen und müßten sterben.

Die Vielfalt der nur bis jetzt bekannten Bakterienarten ist ungeheuer. Es gibt keinen Lebensbereich, in dem sie nicht tätig werden. In der Landwirtschaft kennen wir sie zunächst von der negati-

ven Seite – sie sind es, die für Fäulnis und viele Krankheiten an lebenden Pflanzen verantwortlich sind – aber mehr eigentlich doch von der nützlichen Seite. Wem verdanken wir es denn, daß die Abfälle verrotten und zu Humus werden? Wer holt den Stickstoff aus der Luft in den Boden? Und wer ist es denn, der im Boden selber für gesunde Verhältnisse sorgt?
Mit den Bakterien als »Nützlingen« haben wir heute eine vielfältige und auch »organisierte« Zusammenarbeit gefunden, die von uns noch bewußt gefördert werden kann. Greifen wir nur einige Beispiele heraus:

1. Bei der Verwertung unserer Abfälle zur Gewinnung von Humus oder, richtiger gesagt, Kompost, können wir für die Bereitung eines guten, schnell rottenden Komposthaufens viel tun. Die Zeit, wo man einfach alles auf einen Haufen warf und dann wartete, bis nach zwei bis drei Jahren alle Pflanzenrückstände und sonstige organische Abfälle zu Humus geworden waren, ist vorbei. Viele Gartenbücher beschreiben, wie man »richtigen« Kompost heute schneller und besser als früher herstellt: durch Zufuhr von »Futter« für die Kompostbakterien – vorwiegend organisches, Stickstoff enthaltendes Material – und eine präzise Rotteführung, das heißt Schaffung optimaler Lebensbedingungen für eben diese Rottebakterien. Eine richtige Wissenschaft hat sich hier entwickelt. Viele Handels-Düngemittel können so eingespart werden.

2. Wir alle haben einmal in der Schule von *Knöllchenbakterien* gehört. Es sind Bakterienarten, die in Lebensgemeinschaft mit Leguminosenpflanzen (Erbsen, Bohnen, Klee, Wicken u. a.,) leben. Sie siedeln sich an den Wurzeln an; die Pflanze versorgt die Bakterien mit Nährstoffen, diese wiederum sind in der Lage, Stickstoff aus der Luft zu binden, den die Pflanzenwurzeln leicht aufnehmen können. Stickstoff ist im Pflanzenleben unerläßlich, er dient zur Eiweißbildung, überhaupt des gesamten Pflanzenaufbaues. Bakterien und Pflanzen sind eine Symbiose eingegangen, beide Lebensformen helfen sich gegenseitig.
Bakterien sind überall – also auch diese Knöllchenbakterien. Sind sie aber überall und zahlreich genug vorhanden? Falls dies ungewiß ist, können wir Knöllchenbakterien auch kaufen und damit bereits beim Säen der Leguminosensamen die Saatrillen versorgen. So dienen wir unseren Pflanzen besser, und es ist billiger, als Stickstoffdünger zu kaufen und damit den Boden zu düngen. Ja, bei Leguminosen wäre dies ein Fehler, denn die Knöllchenbakterien würden augenblicklich das »Stickstoffsammeln« einstellen, wenn der Boden mit diesem Nährstoff reichlich versorgt würde – sie hätten es ja jetzt nicht mehr nötig zu arbeiten.

3. Ähnlich wie mit den Knöllchenbakterien ist es auch mit bestimmten Bakteriengattungen aus der großen Gruppe der frei im Boden lebenden

Bakterien, darunter insbesondere den Azotobacterbakterien. Im Gegensatz zu den Knöllchenbakterien, die sich nur im Bereich des Wurzellebens bilden, sind Azotobacterbakterien überall im fruchtbaren, also nicht sauren, gut durchlüfteten Erdreich vorhanden. Sie sammeln allerdings nur dann Stickstoff aus der Luft, wenn Spuren des Vitamins B_{12} verfügbar sind.

Jedoch – und diese natürlichen Zusammenhänge sind interessant, wichtig und genau erforscht – wird Vitamin B_{12} im Boden durch Milchsäurebakterien erzeugt, vorausgesetzt wiederum, daß diese in ihrer Nahrung Kobalt vorfinden. Kobalt als Spurenelement wiederum wird freigesetzt durch Verwitterung von Gesteinen, ist also im Gesteinsmehl vorhanden.

Das exakte Wissen um diese Vorgänge ist neu, die Erfahrung aber, daß selbst Spuren von Steinmehl die Erde zu mehr Fruchtbarkeit anregen dagegen uralt. Nicht umsonst leiten Bergbauern im Frühjahr die Gebirgsbäche über ihre Felder. Bakterien, richtig behandelt, also mit der richtigen Nahrung versorgt, machen die Erde fruchtbar!

Versorgt man dagegen die Erde mit käuflichen wasserlöslichen Stickstoffdüngern, so stellen auch die Azotobacterbakterien ihre Arbeit ein. Besprühen wir die Erde mit Pestiziden, desinfizieren sie mit Chemikalien, so töten wir sie – und schaden uns letztlich damit selbst!

4. Ein letztes Beispiel: Der *Bacillus thuringiensis.* Es ist eine Bakterie, die Insektenlarven – wir nennen sie Raupen –, angreift, so daß diese daran sterben. Dieser Bazillus kommt in der Natur sehr selten vor, so daß er normalerweise bei der Raupenbekämpfung keinen Einfluß ausüben würde. Also hat man ihn im Laboratorium durch Vermehrung in Massen hergestellt und dann getrocknet. (Bakterien lassen so etwas mit sich machen.) Man kann nun ein solches Bakterienpräparat kaufen, es mit Wasser anteigen und dann mit dieser Spritzbrühe Pflanzen einsprühen, die von Raupen befallen sind. Jetzt frißt die Raupe den Bazillus zusammen mit dem Blattwerk und wird daran sterben.

Dieses Produkt wirkt gegen viele Raupenarten von Fluginsekten, tötet aber nicht unseren nützlichen Regenwurm oder andere Wurmarten bzw. Insekten in anderen Lebensstadien. Ein hervorragendes biologisches Präparat also, das aber sehr genau gemäß Gebrauchsanweisung verwendet werden muß.

Die Forschung ist eifrig damit beschäftigt, ähnliche Produkte zu entwickeln. Der Gartenfreund wird ein solches spezielles Bakterienpräparat stets gegenüber der Giftspritze vorziehen, es wirkt ja viel gezielter, ist ungiftig für andere Lebewesen wie auch für uns und schädigt die Pflanze nicht.

Hefen

Ähnlich verbreitet wie Bakterien sind die Hefen. Auch von ihnen ist die Luft voll, und auch sie sind unentbehrliche Helfer bei vielen Lebensprozessen. Denkt man nur an die Brotherstellung, die Weingärung – überall benützen wir eine ihrer Fähigkeiten, Luft zu atmen, aber Kohlendioxid auszuatmen. Dabei sind die Hefen noch wertvolle Lieferanten von Eiweißverbindungen, also Aminosäuren.

Hefen im Garten? *Ein Hefesatz ist wertvollster Dünger!* Als Blattdüngungsmittel ist er ebenso hervorragend geeignet und schädigt niemals die grünen Pflanzenteile, wie zur Bodendüngung. Auch der Komposthaufen erfährt eine erstaunliche Verbesserung, wenn man es versteht, Hefen an Ort und Stelle zur Vermehrung anzuregen. Preßrückstände von Weintrauben, Äpfeln und Beeren bewirken dies schon, besser geht es aber noch, wenn etwas zuckerhaltiges Wasser auf die zu verrottenden Obst und Gemüserückstände gegossen wird. Sofort stellt sich Gärung ein, die Zersetzung geht schneller vor sich. Dabei wird der Humus mit den wertvollen Heferückständen angereichert und das ganze Kompostleben verbessert. Besonders die Regenwürmer freuen sich und vermehren sich viel stärker als sonst.

Also alle süßen Abfälle des Haushalts zukünftig auf den Kompost geben; sind es nicht genug, alle 14 Tage eine »Zukkergabe« (200 g Zucker auf 2 l Wasser pro m^2 Kompostfläche) ansetzen – die Wirkung wird verblüffen! Das ist eine der Wirkungen der Hefen als »Nützlinge«.

Pilze

Pilze sind Schmarotzer, sie haben keinen eigenen Kohlenstoffwechsel und benötigen daher stets fremde organische Substanz, um leben zu können. Pilze sind stets die Vorstufe der organischen Verwesung, der Rotte. Findet man also auf abgestorbenem organischem Material Pilzkolonien – z. B. auf totem Holz oder auf dem Komposthaufen – so darf man hier keinesfalls eingreifen, also etwa »desinfizieren«, sondern man muß diesen Verpilzungsprozess sich entwickeln lassen, eher sogar noch durch ständiges Befeuchten fördern.

Eine reiche Pilzflora im Garten beweist gute Rotteverhältnisse und stellt keine Krankheit des Bodens dar! Besonders wichtig ist dieser Hinweis bei der Pflege des Komposthaufens. Es ist der Grund, weshalb er stets schattig stehen, zugedeckt sowie immer leicht feucht sein soll. Feuchtwarmes Klima brauchen die Pilze, um sich rasch und üppig vermehren zu können.

Rottepilze kann man kaufen. Sie befinden sich in manchen der sogenannten Kompostierungshilfsmittel in Form unsichtbar kleiner Pilzsporen, die dann auf dem Komposthaufen wieder zum Leben erwachen.

Es sind die allerkleinsten, die unsichtbaren Helfer, die im Garten die größte Arbeit vollbringen und uns am meisten nützen! Die Zeit, da wir glaubten, mit chemischen Hilfsmitteln die Arbeit der

Mikroben ersetzen zu können, ist vorbei. Wir erkennen heute wieder, wie unersetzlich diese unsichtbaren Helfer sind – pflegen wir sie doch! Folgen wir also mehr und bewußter den Anregungen der Gartenbücher über Bodenbedeckung, Mulch und gute Rotteführung im Kompost. Schon die anscheinend so geringfügigen Ratschläge wie Feuchthalten und Zudecken des Kompostmaterials bewirken wahre Wunder. Der Verfasser geht so weit, zu behaupten: Gute Bodengesundheit ist nur möglich, wenn das Bakterienleben gedeihen kann – das aber liegt in unserer Hand. Mehrarbeit? Im Gegenteil, weniger Handarbeit, aber mehr Nachdenken, mehr Mitdenken mit biologischen Gesetzen – das ist es.

Würmer

Neben den uns unsichtbaren Bakterien und Hefen sind es die Würmer, die unseren Boden verlebendigen. Es gibt einen einfachen Hinweis: Hebt man mit einem Spaten voll Gartenerde zugleich fünf oder mehr Regenwürmer aus, so wird in diesem Boden alles gedeihen. Sind es nur zwei bis vier Würmer, so heißt es, schleunigst etwas zu tun. Sind es dagegen weniger als zwei, so benötigt dieser Gartenbesitzer mindestens zwei Jahre, um seinen Boden fruchtbar zu machen.

Der Wurm ist für einen guten, gesunden Boden das A und O, der Anfang überhaupt. Er schafft durch seinen Kot den Dauerhumus, schließt dabei die Mineralstoffe des Erdreiches auf, so daß sie pflanzenverfügbar werden, sorgt durch seine Gänge für Durchlüftung des Bodens, frißt im Herbst die Blätter – und damit auch die auf bzw. in den Blättern sitzenden Schadpilze – und arbeitet den Boden um und um.

Gleiches gilt für die Kompostbereitung. Auch hier ist es der Wurm, der das durch Pilze, Hefen und Bakterien aufgeschlossene Material durch seine Darmpassage erst zu Kompost, zu Dauerhumus macht. Ein Komposthaufen ohne Würmer ist überhaupt keiner, der Wurm erst ist der eigentliche Kompostbereiter.

Das Loblied des Regenwurmes kann gar nicht hoch genug gesungen werden; nichts kann ihn ersetzen.

Was können, ja müssen wir tun, um das Wurmleben zu fördern?

Jedes Spritzen mit einem Insektizid tötet ihn! Spritzen wir ein Fungizid oder ein Herbizid, so wird er ebenfalls nachhaltig geschädigt und in der Entwicklung gehemmt. Ein mit diesen Präparaten behandelter Boden ist immer regenwurmarm! Das gilt auch, wenn wir die Bäume besprühen und dabei die Spritzbrühe zwangsläufig auf den Boden kommt.

Jede Düngung mit wasserlöslichen Stickstoffdüngern, dem sogenannten Kunstdünger, wie aber auch mit Kalidünger in zu hohen Gaben, schädigt und vertreibt ihn allmählich aus unserem Garten!

Und für den Kompostplatz? Manche

Gartenfreunde kaufen sich Kompostwürmer, etwa die sogenannten »Tenessee-Wiggler«, eine für die Kompostbereitung besonders geeignete Wurmart bzw. -rasse des Kompostwurmes *(Eisenia foetida)* (siehe Bezugsquellenhinweis). Kompost- oder Mistwürmer sind vermehrungsfreudige, ortsbeständige Gesellen; sie lieben Gemüseabfälle, Kaffee- und Teesatz, fressen aber auch Papier und Pappe. Etwas Baldrian macht sie richtig happy und lockt sie von weit her: Baldriankraut auf den Komposthaufen geben oder Baldrianpulver mit Wasser anrühren, angären lassen und dies über den Haufen gießen. Das bei den »Hefen« erwähnte Zuckerwasser, möglicherweise auch der schwache Alkoholanteil, der durch die Hefetätigkeit daraus entsteht, regt sie zu ungeahnter Vermehrung an.
Kurz: Ist das Wurmleben im Boden in Ordnung, so ist dieser gesund und fruchtbar. Und ob das so ist, liegt weitgehend in der Hand des Gärtners.

Folgende Regeln müssen beachtet werden:

- Ständige Bodenbedeckung mit Pflanzen; gegebenenfalls Vor- oder Nachsaaten auf den Beeten vornehmen.
- Offenen Boden, z. B. auf Baumscheiben, mit Mulch bedecken.
- Kein tiefes Umgraben mehr.
- Kein Spritzmittel darf auf den Boden kommen.
- Besonders auf den Beeten wird stets für eine leicht feuchte Erdkrume gesorgt.
- Zukauf von Kompostwürmern, wenn der Komposthaufen oder -silo nicht von allein ausreichend versorgt ist: mindestens zehn Würmer pro Schaufel.

Die Mißachtung des Regenwurmes ist ein Paradebeispiel für die geistige Fehlleistung des chemisch überfremdeten Landbaues, für den Hochmut, es auch ohne natürliche Voraussetzungen schaffen zu können.

Nützliche Pflanzen

Schon im vorangegangenen Kapitel wurde beim Thema »Gerüche« einiges über nützliche Pflanzen erwähnt. Diese Ausführungen müssen ergänzt werden, denn viel zuwenig ist bekannt, wie man bewußt mit bestimmten Pflanzen zur Gesunderhaltung des Gartens, des Ackers und natürlich des Gewächshauses beitragen kann. Dieses Kapitel könnte auch die Überschrift »Mischkultur« tragen, denn der Nutzpflanzenanbau, sowohl als Bei- oder Vorpflanzung, des gemischten Anbaues als auch des Fruchtwechsels, ist das Thema.

Wie kommt das? Jede Pflanze ist ein Individuum. Sie erzeugt Schutz- und Abwehrstoffe genauso wie Lockstoffe, die zur Anlockung bestimmter Insekten dienen. Um jede Pflanze herum ist gewissermaßen eine sogenannte »Aura« vorhanden, und zwar nicht nur über, sondern genauso auch unter der Erde, in ihrem Wurzelbereich. Die Wurzeln benachbarter Apfelbäume z. B. lieben sich gar nicht; stoßen sie aufeinander, kehren sie förmlich um, verbleiben in ihrem Bereich. Pflanzt man aber einen Apfel- neben einen Pflaumenbaum, so gehen die Wurzelzonen ineinander über, sie stoßen sich keineswegs mehr ab.

Setzt man jetzt die sich gegeneinander neutral verhaltenden oder, besser noch, die sich positiv beeinflussenden Pflanzen nebeneinander, so werden sich die jeweiligen Arten besser entwickeln, ja sich sogar gegenseitig fördern. Wer je-

Rechte Seite:
Randpflanzen eines Biotops in Schattenlage: Fingerhut *(Digitalis purpurea)* und Mähnengerste *(Hordeum jubatum)*.

Seite 30:

8 Pillenwespe – *Eumenes coarctata.*

9 Goldwespe – *Chrysis fulgida,* Weibchen.

10 Großer Puppenräuber – *Calosoma sycophanta,* Männchen, 25 bis 30 mm.

11 Siebenpunkt-Marienkäfer – *Coccinella septempunctata,* 5 bis 8 mm, mit Blattläusen.

12 Buntkäfer (Immenkäfer) – *Trichodes apiarius,* 10 bis 15 mm.

Seite 31:

13 Bienenwolf – *Philanthus triangulum,* 15 mm.

14 Einbändriger Buntkäfer – *Tillus unifasciatus,* 4 bis 7 mm.

15 Blauer Kolbenkäfer – *Corynetes coerulus.*

16 Mordfliege – *Laphria flava.*

17 Aaskäfer an einer toten Goldammer. Links oben: Rothalsiger Aaskäfer – *Oeceoptoma thoracium;* Mitte: Rotgebänderter Totengräber – *Necrophorus vespillo;* rechts oben: Großer Totengräber – *Necrophorus germanicus;* unten: Stinkender Raubkäfer – *Staphylinus olens.*

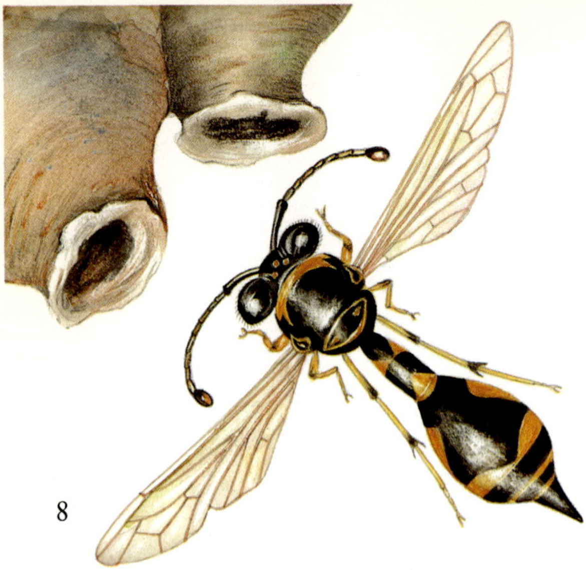
8

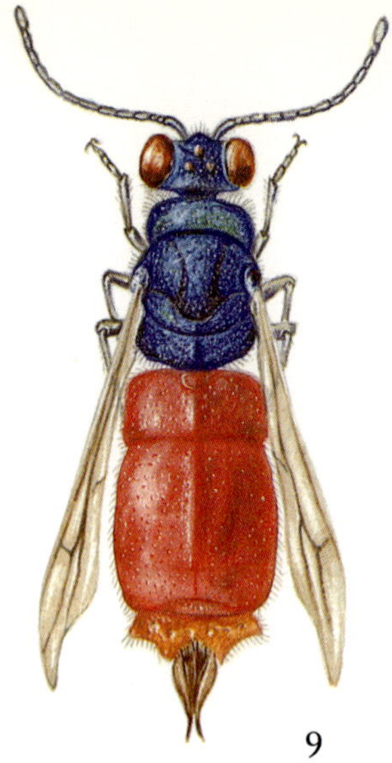
9

11

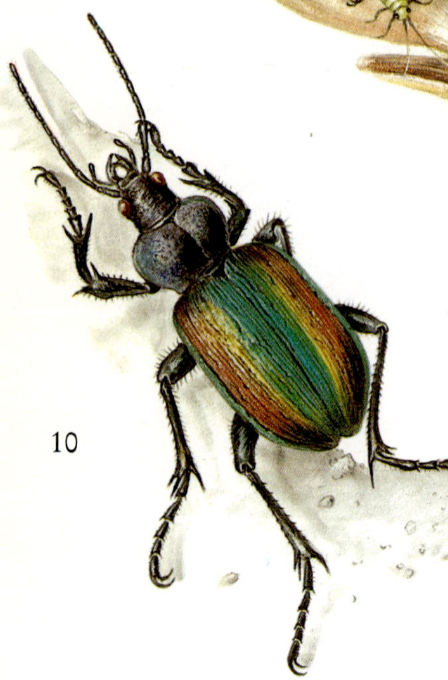
10

12

13

14

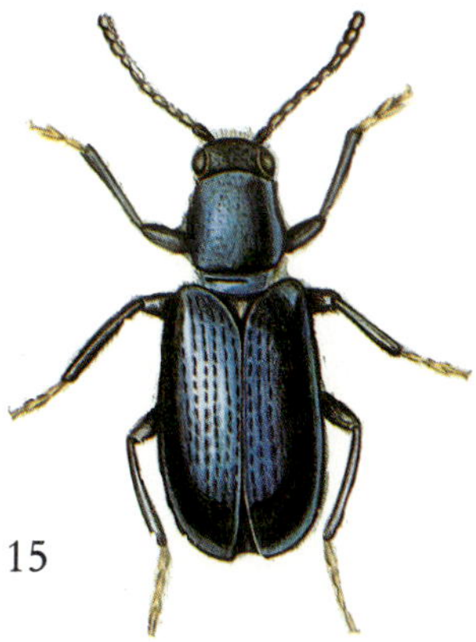
15

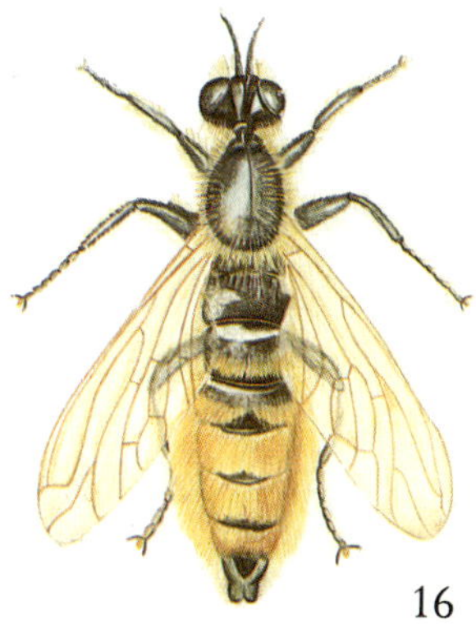
16

17

doch diese Dinge nicht kennt, wird sich wundern, warum dies oder jenes einfach nicht so richtig wächst, obgleich der Boden gesund ist, die Düngung stimmt, und er sich auch sonst die größte Mühe gibt. Merkwürdigerweise findet diese schon seit langem bekannte Tatsache immer noch viel zu wenig Beachtung. Alle fortschrittlichen Gartenbücher berichten jedoch über die Mischkultur und bringen hierzu genaue Vorschläge. Der Verfasser möchte hierbei vor allem das Buch der ihm seit langem bekannten und befreundeten Frau Gertrud Franck nennen, einer Vorkämpferin dieser Gartenwirtschaft, erschienen im Südwest Verlag, betitelt »Gesunder Garten durch Mischkultur«.

Der Begriff »gesunder Garten« besteht zu Recht. So angelegte Gärten kennen kaum Krankheiten und Insektenschäden, hier sorgt die gegenseitige Beeinflussung der Pflanzen, die überlegt nebeneinander gesetzt werden, wirklich weitgehend für Gesundheit.

Gilt diese Erkenntnis für alle Pflanzen überhaupt und damit natürlich auch für Obst-, Gemüse- sowie Zierpflanzen, so gibt es aber auch einige Arten, die man, bis auf wenige Ausnahmefälle, überall als ganz besonders nützlich ansehen

Nützliche Fliegen und Käfer lieben Pflanzen aus der Familie der Doldenblüter. Hier, in Bildmitte, Herkuleskraut *(Heracleum mantegazzianum)*, zusammen mit Waldgeißbart *(Aruncus sylvester)*.

kann. Hierzu rechnet der Verfasser beispielsweise die Zwiebelgewächse, insbesondere den Knoblauch. Ein bis zwei Knoblauchpflanzen pro m^2 Rosenbeet – und man wird erstaunt feststellen, daß Läusebefall und Pilzerkrankungen viel geringer werden, wenn nicht sogar ausbleiben. Unterläßt man dann noch die unsinnige Bedeckung der Beete mit Torf sowie die oft übertrieben starke Düngung, so funktioniert diese Methode noch besser – und sieht dazu noch lustig aus.

Alle Gewürz-, noch mehr aber die bekannten Heilpflanzen, halten ebenfalls den Garten gesund! Sie gehören deshalb keineswegs isoliert in ein Kräuterbeet, sondern sollten mitten in den Blumen- und Gemüsebeeten stehen oder können auch auf Baumscheiben gepflanzt werden. Ein- und zweijährige Gewächse bekommen dabei jedes Jahr einen neuen Standort. Die perennierenden Arten, beispielsweise Lavendel, Rosmarin, Thymian oder Liebstöckel, pflanzt man um die Beete als Randbepflanzung herum. Sie halten ihre Umgebung gesund, locken Bienen an, wehren aber auch Ungeziefer ab – so z. B. Kerbel die Schnecken oder Lavendel, Thymian und Rosmarin den Kohlweißling.

Zusätzlich dienen diese *reichlich* angesiedelten Heilpflanzen aber auch zur Herstellung und Bereicherung der Pflanzenjauchen; wir können also gar nicht genug von ihnen haben.

Auf diese Art der Gartenpflege und Gesunderhaltung durch nützliche Pflanzen kann dieses Buch nur allge-

mein hinweisen und die Anregung geben, sich durch andere Schriften weiterzubilden.
Ein Hinweis für Gewächshausbesitzer: Auch Gewächshauspflanzen benötigen zu einem Teil Insektenbestäubung. Zwar befliegen die Bienen bei geöffneten Belüftungsklappen auch Gewächshäuser, aber sie tun es nicht gerne. Ist die Bienenweide um das Haus herum reichlich, so fliegen sie nicht hinein. Ein blühender Boretschstrauch pro Kleingewächshaus oder sonst pro 50 m² Grundfläche – das wirkt wahre Wunder. Die Pflanze sollte dabei sehr früh gepflanzt werden, damit sie rechtzeitig Blüten bilden kann. Sie ist ein Langblüher und wird über die Saison Bienen, Hummeln und noch andere blütenbestäubende Insekten anlocken.
Vergessen wollen wir zum Schluß nicht, daß es auch unter den Blumen ganz besonders nützliche Arten gibt. Hierzu zählen Astern, die Ringelblume, besonders aber die Studentenblumen (Tagetes). Sie wehren Insekten ab und halten den Boden gesund. Wicken sind bodenverbessernd, Doldenblüher sind Aufenthaltsstätten für Nutzinsekten. Die Aufzählung ließe sich beliebig lang fortsetzen. Es soll ein Hinweis sein, sich auch im Ziergarten mit diesem Thema zu befassen.
Pflanzen als Nützlinge? Aber ja! Sie zählen zu unseren besten Helfern im Garten!

Insekten als Nützlinge

Nützliche Insekten? – Dieser Begriff wird für viele Leser neu sein. Für die meisten Menschen verbindet sich doch schon mit dem Wort »Insekten« etwas Feindliches, Bedrohliches: Lebewesen, wie Flöhe, Läuse, Stechmücken usw., die uns Plagen bereiten, stechen, die Seuchen und noch vieles mehr verursachen. Denkt man aber an die Bienen, an Libellen, Schmetterlinge oder auch nur an Marienkäferchen, so wird unsere Meinung freundlicher, verbinden sich doch mit diesen Worten Gedanken an Nützlichkeit, Schönheit, aber auch an Liebenswertes.

Schon diese Gegenüberstellung zeigt, wie vielfältig die Welt der Insekten ist. Sie ist uns in vielen Dingen unbegreiflich, ja sogar noch unerforscht. Einige Bemerkungen deshalb vorweg.

Gibt man der Entwicklung des Menschen rund 10 Millionen Jahre – neueste Forschungen sprechen sogar von noch kürzerem Zeitraum –, so weiß man, daß Insekten bereits seit rund 350 Millionen Jahren auf unserem Planeten leben. Lange Zeit, bevor überhaupt andere Tiergattungen unsere Erde bevölkerten, waren sie schon »fertige« Lebewesen, von der Wissenschaft unterteilt in unendlich viele sogenannte Ordnungen, Gattungen und Arten. Sie sind dem Leben auf dieser Erde so perfekt angepaßt, daß sie mit fast jedem Problem, Klima oder Lebensumstand fertig werden. Sie bilden Lebensgemeinschaften mit anderen Tiergattungen wie auch mit Pflanzen und haben sich zum Teil derartig spezialisiert, daß viele Lebensvorgänge ohne Mitwirkung der Insekten nicht möglich wären – denken wir nur an die Blütenbestäubung hochentwickelter Pflanzenarten.

Vermutlich sind etwa 80% aller Lebewesen auf dieser Erde Insekten. Man kennt etwa 1 Million registrierte Arten, schätzt aber, daß mindestens eine weitere Million derzeit noch nicht erforschter Insekten existiert. Es gibt sie überall, sie leben in der Luft, auf oder in der Erde sowie auch im Wasser. Wir finden sie in Kälteregionen genauso wie am Äquator.

Geheimnisvoll ist ihr Lebensrhythmus. Im allgemeinen kennen wir sie als Eierleger. Es gibt aber auch Weibchen, die lebende Junge zur Welt bringen – und dabei nicht jedesmal befruchtet werden müssen. Es genügt, wenn dieses nur in jeder zehnten Generation erfolgt. Die Blattläuse gehören dazu.

Üblicherweise entsteht aus dem Ei zunächst die Larve; eine Entwicklung, die der Laie als Raupenstadium, als Made, kennzeichnet. Auch hier unterscheiden sich einzelne Insektenarten erheblich voneinander, denn viele machen dabei eine völlige Verwandlung des Aussehens durch, andere nicht so sehr. Aus manchen Larven entsteht nun wiederum sofort das eigentliche Insekt, in der Fachsprache *Imago* genannt, andere Larven müssen sich, manche sogar mehrere Male, häuten; verpuppen sich anschließend, um erst dann zu dem uns bekannten Imago zu werden.

Ein Insekt durchläuft also viele Verwandlungsstadien, ehe es uns wieder in seiner Nachkommenschaft als »Insekt« begegnet, denn nur das Imagostadium kennzeichnen wir üblicherweise mit diesem Namen, beschreiben es, haben Bilder hiervon. Larvenstadien der Insekten sind uns heute noch vielfach unbekannt. Dabei ist das eigentliche Imagoleben meist nur kurz, verläuft auch teilweise ohne jegliche Nahrungsaufnahme. Das längere Stadium des Insektenlebens ist meist das der Larve. Und es ist auch keinesfalls so, daß uns nur das Imago schädigt oder nützt, Larven können dies in noch viel stärkerem Maße tun!

Schon diese wenigen Bemerkungen zeigen, wie außerordentlich interessant die Beschäftigung mit dieser Tiergruppe sein kann, wie wenig wir als Laien aber davon wissen. Ein Lehr- oder Bestimmungsbuch zu besitzen, ist eigentlich unerläßlich. Es fasziniert und läßt uns diese Welt mit anderen Augen ansehen.

Trotz allem steht fest, daß die Insekten uns Menschen in unserer Entwicklung viel mehr gehemmt haben, als man es sich vorstellen kann. So sind sie z. B. Überträger schwerster Seuchen, verursachen Hungersnöte – auch heute noch wird ein gutes Drittel der Welternte durch Insekten vernichtet – oder machen ganze Landstriche unbewohnbar, beispielsweise die Tsetsefliege. Ebenfalls steht fest, daß viele Ereignisse der Menschheitsgeschichte, vor allem viele Kriege, durch Seuchen entschieden wurden und keinesfalls etwa durch Schwert, Feldherrnkunst oder Politik.

Verständlich also, daß der Mensch diesen Schädlingen den Kampf ansagen mußte. Es war – und ist – ein Kampf ums Überleben! Dabei steht noch gar nicht fest, wer letztendlich diesen Kampf gewinnen wird, denn bisher haben sich die Insekten, trotz aller Anstrengungen der Technik, der Chemie und der Medizin, bestens behaupten können. Viele Forscher sind der Meinung, daß diese Tiere in ihrer Gesamtheit auf unserem Planeten bessere Überlebenschancen haben als die menschliche Rasse, die Warmblüter überhaupt.

In einer so riesengroßen Tiergruppe wie der der Insekten findet ein ebenso gnadenloser Kampf um die Nahrung, um beste Fortpflanzungsbedingungen, also ums Überleben, statt, wie in den anderen Tiergruppen auch. Denken wir doch nur einmal an die Tiere des Meeres. Überwiegend sind Fische Räuber, die vom jeweils kleineren, unterlegenen

Fisch leben. Und wie ist es bei den fleischfressenden Säugetieren? Auch hier wird getötet, um selber leben zu können. Und wir selber, wir Menschen? Was tun wir uns denn an, wenn wir als Gruppe glauben, unsere Ziele durchsetzen zu müssen. Alle Zivilisation hat doch das »Raubtier Mensch« nicht ändern können.

Im Konkurrenzkampf unter den Insekten gibt es viele Arten, die entweder als Nahrung für sich oder zu ihrer Fortpflanzung andere Insekten benötigen, um weiterleben, sich fortpflanzen zu können. Handelt es sich bei diesen »anderen« Insekten um Schädlinge gegenüber der menschlichen Lebenswelt, so nennen wir die ersteren Insekten *Nützlinge.*

Wir klassifizieren dabei dreifach. Die Einteilung erfolgt in Nützlinge, in indifferente Arten und in Schädlinge.

Indifferente Arten sind solche, die uns weder schaden noch nützen, die eben nur da sind, unsere Interessensphäre aber nicht berühren. Eine Eintagsfliege beispielsweise, eine Grille gehören dazu. In Mitteleuropa betragen die prozentualen Anteile der drei Gruppen ganz grob geschätzt, etwa 35:15:50. Eine solche Einschätzung ist natürlich von Entomologe zu Entomologe unterschiedlich, je nachdem, wie hoch man jeweils das für uns Menschen schädliche oder nützliche Verhalten einstuft.

Der Nutzen von Insekten uns gegenüber zeigt sich auf vielerlei Weise: Sie bestäuben die Blüten unserer Nahrungspflanzen, liefern Honig, Wachs, Lacke, Farb- wie auch Gespinnststoffe, so z. B. die Seide. Sie helfen uns bei der Beseitigung toter organischer Substanz, indem sie sich von verwesendem tierischem oder pflanzlichem Material ernähren und – das interessiert uns in dem Buch speziell, – sie sind unschätzbare Helfer bei der Regulierung des biologischen Gleichgewichtes in der Insektenwelt selber.

Es ist weithin unbekannt, daß bei der Niederhaltung der *schädlichen* Insekten – und die sind es ja gerade, die uns im Garten die meisten Plagen bereiten – die *nützlichen* Insekten die größte Leistung vollbringen. Mehr also als die Gruppe der Vögel, der Lurche, aber auch mehr als wir selber zu tun vermögen.

Auf zweierlei Weise helfen sie uns. Eine Gruppe der Nützlinge lebt von anderen Insekten, sie brauchen sie als Nahrung für sich oder ihre Nachkommen, und zwar in allen ihren verschiedenen Lebensstadien, als Imago, Larve oder auch als Puppe.

Zur anderen Gruppe der Nützlinge gehören solche, die vornehmlich von pflanzlicher Nahrung, Nektarsäften, verwesender organischer Substanz usw. leben. Sie nützen uns, indem sie schädliche Insekten zur Entwickelung ihrer Nachkommenschaft benötigen. Sie legen ihre Eier auf oder sogar in solche Insekten, sei es im Larven- oder im Imagostadium. Sie legen aber auch ihre Eier an Nahrungsmittel, die die Schadinsekten fressen, so daß die Eier der Nützlinge gemeinsam mit der Nahrung gefressen werden. In jedem Fall sind es dann die aus den Eiern austretenden Larven, die den Wirt töten, ihn als erste Nahrung in ihrem kurzen Leben auffressen. Einige Bilder meines Buches »Gesunde Pflanzen in Haus und Garten« zeigen die grausame Art dieser Fortpflanzung.

Im folgenden Teil werden nur die wichtigsten Nutzinsekten, und auch nur soweit sie uns im Garten oder Gewächshaus dienlich sein können, beschrieben. Es wird geschildert, wie wir sie fördern können und was wir unterlassen müssen, um sie nicht zu schädigen. Es handelt sich also nur um eine sehr beschränkte Artenzahl, die uns interessiert – *diese aber sollten wir kennen und alles tun, um sie zu fördern.*

Nachstehend findet sich eine Aufgliederung der Nutzinsekten innerhalb der sogenannten *Ordnungen.* Darunter versteht man eine große Gruppe mit gemeinsamen Merkmalen, die seitens der Zoologie fest umrissen sind. Die Ordnungen wiederum werden unterteilt in *Familien,* diese dann in *Gattungen* und *Arten.* Die lateinischen Bezeichnungen sind notwendig, damit wir unter Umständen in Fachbüchern weitere, ausführlichere Beschreibungen nachlesen können. Nur die lateinischen Namen sind maßgebend, die deutschen Bezeichnungen sind teilweise sehr verschieden.

Nun eine fast lächerliche aber dabei doch so wichtige Feststellung:

Nützliche Insekten sind *auch* Insekten! *Alle Methoden, Maßnahmen und Mittel, die Schadinsekten angreifen, sie vernichten, werden in den meisten Fällen auch die Nützlinge mit vernichten!*

Diese Binsenweisheit kann nicht oft genug wiederholt werden, denn wir verstoßen in unserer derzeit üblichen Gartenpflege ständig gegen sie und damit zugleich auch gegen die schon einmal gesagten Lebensgesetze, daß die Natur im Gleichgewicht lebt und Vielfalt will!

Daraus ergeben sich eine Reihe von Schlußfolgerungen. Zunächst einmal die: Verwenden wir ein *Universal-Insektizid,* so töten wir zwangsläufig auch die Nutzinsekten. Es gibt einfach kein Mittel, das genügend spezifisch wirkt! Auch wenn neuerdings bei einigen Erzeugnissen auf der Packung steht: »Für Bienen ungefährlich«, so mag sich dies nur eben auf die Biene beziehen, nicht aber auf die große Reihe anderer nützlicher Tiere. In Wirklichkeit geht man bei diesen für Bienen ungefährlichen Insektiziden nur davon aus, daß die Bienen durch einen für sie unangenehmen Geruch geschockt und dann fliehen werden. Direkt angesprüht, würden auch sie getötet. Festsitzende Insekten dagegen, besonders Läuse, können nicht fliehen, werden daher von diesem Insektizid getötet.

Natürlich baut sich nach einer Spritzung mit einem Total-Insektizid eine neue Insektengeneration aus Schädlingen, Nützlingen und indifferenten Arten wieder auf. Allgemein aber haben gerade die Schadinsekten eine kürzere Generationenfolge, eine viel schnellere Entwicklungszeit als die Nützlinge!

Und: Mit dem Töten der Insekten gefährden wir gleichzeitig auch andere Nützlingsarten, wie Vögel, die entweder ihre Nahrung nunmehr vergiftet vorfinden oder aber, wenn wir radikal vorgegangen sind, überhaupt keine Nahrung mehr finden und dann abwandern.

Noch eine weitere Logik steckt in den obigen Bemerkungen: Nutzinsekten brauchen doch die Schädlinge als Nahrungsmittel für sich selbst oder aber zur Bildung neuer Nachkommenschaft. Mit der Vernichtung aller Schädlinge entziehen wir ihnen die Lebensgrundlage! Kurz, wir kommen aus einem Teufelskreis nicht heraus, wenn wir nur einmal mit dem »Totspritzen des Ungeziefers« angefangen haben.

Das einzig vernünftige wie auch erfolgreiche Rezept zur Erhaltung der Artenvielfalt und des natürlichen Gleichgewichtes besteht darin, die Insektenwelt in ihrer Gesamtheit innerhalb unseres Garten unangetastet zu lassen.

Auch wer jetzt den Kopf schüttelt und es nicht glauben will: Im Garten baut sich in relativ kurzer Zeit – je nachdem, wie die Umwelt, die Umgebung beschaffen ist in etwa ein bis drei Jahren – durch dieses »Garnichtstun« gegen die Insekten ein solches Gleichgewicht auf, daß allein hierdurch bereits ein Drittel oder gar die Hälfte der Schädlingsbekämpfung gewährleistet ist. Fördert man die nützlichen Insekten nun zusätzlich, so wird der Prozentsatz noch gesteigert. Den Rest müssen dann andere Nützlinge, insbesondere Vögel, Lurche oder wir selber durch später genannte Maßnahmen übernehmen.

Auch der Verfasser war in früheren Jahren ein ganz konventioneller Gartenfreund und benützte fleißig die Giftspritze. Erreicht wurde gar nichts damit! Jahr für Jahr kamen die Plagegeister wieder, die Mittel mußten immer stärker werden, um noch wirken zu können. Wurden dann in späterer Zeit Insektizide pflanzlicher Art benutzt, gab es auch keinen besseren Erfolg. Erst ein vollständiges Umdenken hin zu den hier vertretenen Ansichten, natürlich unter Ausnutzung aller vorhandenen Kenntnisse und Möglichkeiten, die es auf diesem Gebiet gibt, brachte den Erfolg und – viel mehr Freude an der Gartenarbeit!

Die Konsequenz: Die Natur muß sich letztlich selber regulieren, aber wir können ihr dabei helfen. Brutale Eingriffe bringen nur Scheinerfolge. Sie kehren sich meist ins Gegenteil um.

Wie fördern wir sie?

Kleinklima und Fortpflanzungsbedingungen optimal gestalten

1. Schaffung eines sogenannten Biotopes, d. h. eines Platzes im Garten, den wir gewissermaßen verwildern lassen, der also unberührt bleibt. Er kann je nach Gartengröße sehr verschieden groß sein. Für einen Hausgarten von 1000 m^2 genügt schon ein Platz von etwa 30 m^2. Hier wachsen einige Sträu-

cher, Kräuter und Gräser. Sollten dort noch Bäume stehen, um so besser; sie läßt man vollständig in Ruhe, also keine Stammbehandlung, kein Beschneiden der Äste mehr, es darf alles wachsen wie es will. Selbstverständlich wird das Gras nicht geschnitten, die Sträucher werden nicht gestutzt, es *soll* hier alles verwildern.

Schön wäre es, wenn einige Blumenarten, wie sie an Waldrändern wachsen, beispielsweise Glockenblumen, Fingerhut, Türkenbund, Weidenröschen, wie auch Wildfrüchte (wilde Himbeeren, Blaubeeren) gepflanzt würden. Sorgen wir auch dafür, daß hier Blumen aus der Gruppe der Doldengewächse (Umbelliferen) vorhanden sind. Je mehr blühende Dolden dort stehen, um so wertvoller ist es für eine ganz bestimmte Nützlingsgruppe, die Raupenfliegen wie auch die Schweb- und die Raubfliegen. Später hierüber mehr.

Nebenbei: Ein solches Biotop kann auch *schön* sein, natürlich auf andere Art als ein gepflegter Mustergarten. Es ist die Vielfalt, die uns hier immer wieder überrascht, es sind die Wildblumen, die sich ansiedeln und die ihren eigenen Reiz besitzen, die bunten Käfer, die Schmetterlinge und Libellen, die sich wieder einfinden. Für den, der das Staunen noch nicht verlernt hat, ist solch kleines Biotop ein Wunder. Es zeigt ihm aber auch, wie schnell die Natur alle »Zivilisationsschäden« zu beseitigen vermag.

Dieser »Naturgarten« soll natürlich nicht in irgend einer hinteren Ecke des Gartens liegen sondern möglichst zentral, in der Nähe des Gemüse-, des Obstgartens, damit er seine Funktion richtig erfüllen kann.

2. Wir legen am Rand des Biotopes einen kleinen Teich, einen Tümpel oder ein Feuchtgebiet an. Für die eben beschriebene Gartengröße genügen hier schon 2 bis 3 m^2. Dieser Teich oder Tümpel *muß* mit Wasserpflanzen bepflanzt sein, hat in jedem Falle *flache Ufer*. Das Wasser wird keineswegs gefiltert oder saubergehalten, sondern bleibt sich selbst überlassen. Keine Angst, durch die Wasserpflanzen klärt er sich selber und wird auch nicht riechen. (Für die Lurche brauchen wir sowieso einen kleinen Tümpel.) Wie ein solcher kleiner Teich auch aussieht, ob schön angelegt, ob nur einige größere Tonschalen ebenerdig eingegraben, das ist gleich, aber *Wasser sollte stets vorhanden sein.*

Ausführlich wird die Anlage eines Biotopes sowie eines Gartenteiches in den beiden letzten Kapiteln beschrieben.

3. Wir schaffen Nistgelegenheiten. Alle räuberisch lebenden Insekten brauchen sie, sei es als Aufenthaltsort,

18 Heiliger Pillendreher – *Scarabaeus sacer,* 20 bis 36 mm, Pärchen bei der Arbeit. Rechts daneben Futterpillen mit Ei, Larve und erwachsenem Engerling.

19 Blattlausfliege – *Baccha elongata,* 15 mm Männchen, darunter die Larve.

20 Raupenfliege – *Tachina lavarum,* 10 mm. Rechts daneben Ei an Raupenhaar.

18

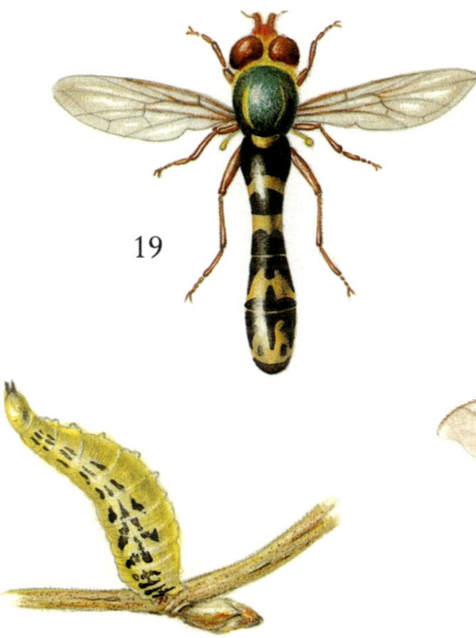

19

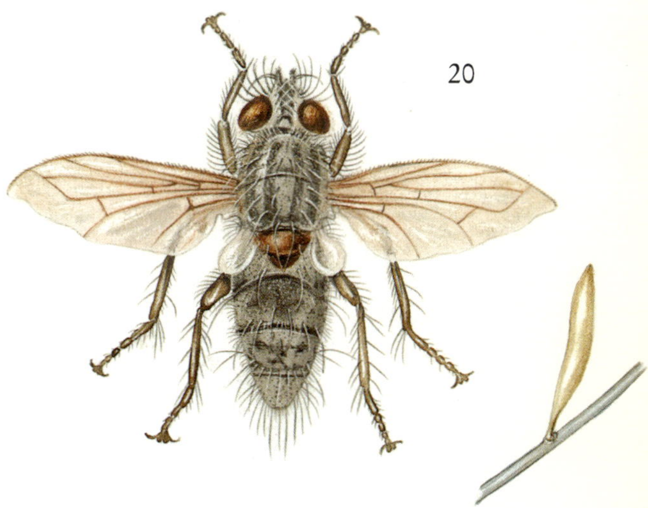

20

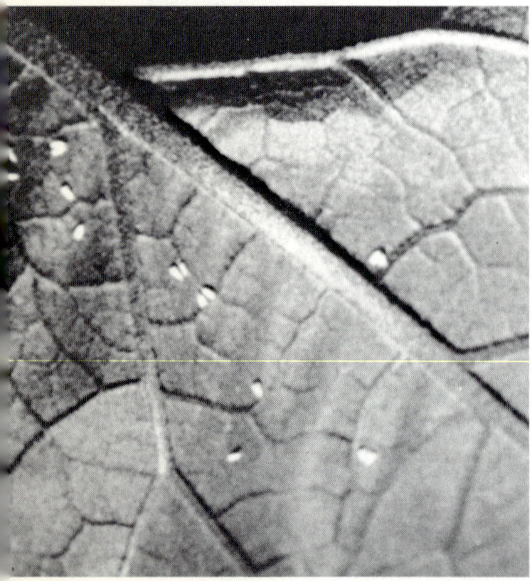

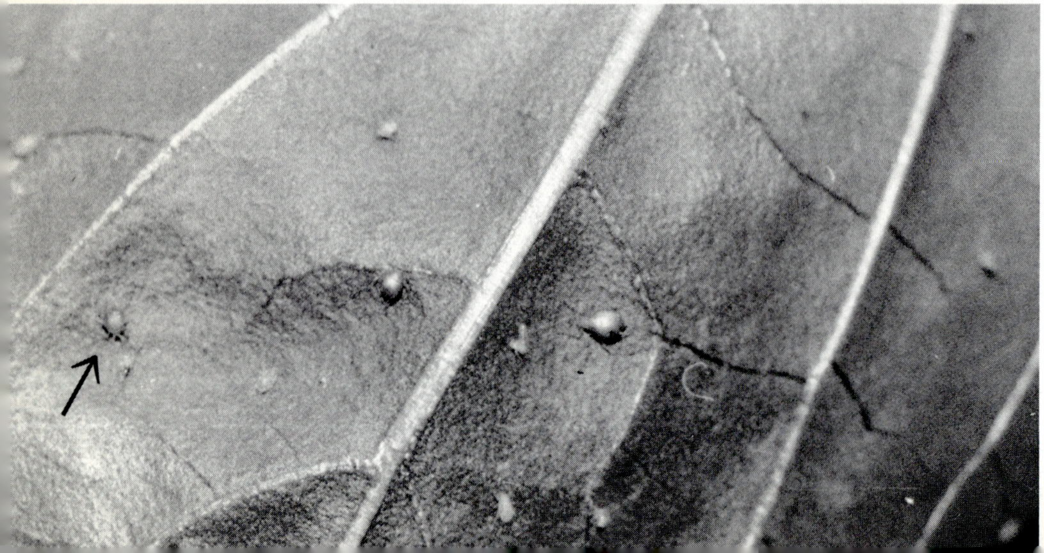

sei es für ihre Nachkommenschaft. Nistgelegenheiten sind: lockere Baumrinden, kleine Bretter oder Reisighaufen, eine Sandstelle, Schilfrohrbündel, zusammengeharkt aufgehäufte Blätter oder einige Holzkloben *mit* Rinde – also Dinge, wie wir sie in einem natürlichen Wald auch finden. All das kann natürlich nur in in einem Biotop vorhanden sein, nicht auf den Beeten.

Schädlinge sind jahreszeitlich »schneller« als Nützlinge

Man muß also verstehen, die Zeit zu überbrücken, die zwischen einer massenhaften Schädlingsvermehrung und der *nachfolgenden* Entwicklung der Nützlinge auftritt. Hierzu gibt es gerade im Hausgarten eine Reihe von Möglichkeiten:

1. Konsequente Anpflanzung von *Mischkulturen*, also Beipflanzung solcher Gewächse, die Schädlinge nicht lieben, möglicherweise unsere Nahrungspflanzen sogar noch fördern. Hierzu zählen wir in erster Linie alle Gewürzpflanzen und die Zwiebelpflanzen, also Gewächse mit scharfer Geruchsausscheidung, z. B. Kresse,

Oben: Kleiepräparat mit lebenden Raubmilben *(Phytoseiulus riegeli)* bzw. deren Larven. – Mitte: Larven der Weißen Fliege – und durch Raubmilbe »leergefressene« Larven der Weißen Fliege. – Unten: Raubmilbe marschiert auf eine Blattlaus zu.

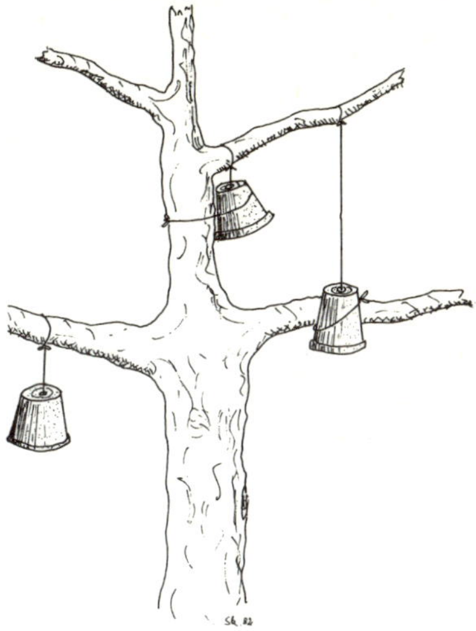

Tontopf, mit Holzwolle gefüllt, als Wohn- und Nistplatz für Ohrwürmer im Baum hängend. Links falsch! Rechts richtig – der Topf ist mit einer Schnur am Stamm oder am Ast festgebunden.

Knoblauch, Lavendel, Thymian und ähnliche. Siehe hierzu die Hinweise im Kapitel »Nützliche Pflanzen«.

2. Wir besprühen unsere Nutzpflanzen oder Blumen mit sogenannten Pflanzenjauchen, vorwiegend hergestellt zu $^3/_5$ aus Brennessel, $^1/_5$ aus Akkerschachtelhalm und $^1/_5$ aus kleingehackter, ganzer Zwiebelpflanze unter Zusatz von Lavendel, Thymian, Rosmarin – was wir gerade haben. Auch hier wird auf die einschlägigen, besonders die biologischen Gartenbücher verwiesen.

3. Wir vertreiben die Schädlinge mechanisch, z. B. durch Abspritzen mit Kaltwasser, durch Vernichten ihrer Nester, durch Auflockern des Bodens.

4. Wir bestäuben die zu schützenden Pflanzen mit harmlosen Substanzen, die Schädlinge nicht mögen, so daß sie abwandern. Hierzu gehören u. a. Gesteinsmehle, Algenkalk, Korallenkalk, Bentonit, Holzasche.

Durch diese einfachen Möglichkeiten kann man die Schädlinge durchaus wirksam niederhalten, bis die Nützlinge dann so weit sind, uns die Arbeit abzunehmen.

Spontane Schädlingsvermehrung

Bei außergewöhnlichen Wetterlagen, wie Regen- oder Trockenperioden, kann es zur Massenvermehrung von Krankheitserregern oder Schadinsekten kommen. Helfen dann die eben genannten Möglichkeiten nicht genug und läßt die Entwicklung der Nützlinge zu lange auf sich warten, so wird man notgedrungen zu »Mitteln« greifen. Man setzt dabei aber möglichst nur solche Präparate ein, die die Nützlinge nicht schädigen oder gar töten, und wendet diese auch nur zu einem Zeitpunkt an, wo sie sich nicht auf den zu behandelnden Pflanzen aufhalten, also vorwiegend in den Abendstunden.
Zu solchen Mitteln gehören: *Kräftiges Bestäuben,* insbesondere der Blattunterseiten bzw. der Triebspitzen, mit Spezialsteinmehlen, wie sie speziell für die Schädlingsabwehr hergestellt werden; auch ein Bestäuben mit Bentonit oder Algenkalk kann nützlich sein.
Gespritzt werden kann mit Spiritusbrühe (3%ig), mit Seifenbrühe (3%ig) wie auch mit Wasserglasbrühe (3%ig), sofern ein Wasserglas benutzt wird, wie es auch zum Eiereinlegen verwendet wird. Wasserglas »konzentriert« dagegen nur 1- bis 2%ig anwenden.
Alle die genannten Präparate töten weder Schädlinge noch Nützlinge, sondern vertreiben sie lediglich von den behandelten Pflanzen.
Die Giftspritze – ganz egal, wo und wie man spritzt, ob mit chemischem oder pflanzlichem Gift – bleibt immer »verboten«. Der Verfasser ist in dieser Ansicht gegen sich so streng geworden, daß er lieber einmal eine Neupflanzung vornimmt, als daß er in alte Fehler verfällt und sich mit Gift schnell helfen will.

Nützliche Insekten in Garten und Gewächshaus

Die nachfolgende Beschreibung der nützlichen Insekten in Garten und Gewächshaus gliedert sich nach *Insektenordnungen,* nach *-familien* und nur wenn notwendig nach einzelnen *-gattungen* bzw. *-arten.* Das ausgewählte Bildmaterial zeigt den oder die charakteristischen Vertreter der Ordnung, der Familie. Bilder der Insektenlarven sind dann beigefügt, wenn diese – z. B. beim Marienkäferchen – besonders wichtig sind und keinesfalls von uns etwa als »schädliche Raupen« angesehen werden dürfen.

Besonders beachtet werden sollten die Bemerkungen über bevorzugte Aufenthaltsplätze, Nahrung und Fortpflanzung, ebenso natürlich auch alle Hinweise zur allgemeinen Förderung der Nutzinsekten.
Die Reihenfolge der Ordnungen entspricht den neuen Lehrbüchern. Die lateinische Bezeichnung ebenfalls, sie wurde bekanntlich im 18. Jahrhundert von dem berühmten schwedischen Naturforscher Carl v. Linné eingeführt. Bei Abkürzungen bedeutet Flsp. = Flügelspannweite; n. Gr. = natürliche Größe. Angegeben wird auch das Verhältnis von Nutzen zu Schaden = N:S mit ihren geschätzten Verhältnisziffern bezogen auf Gartenverhältnisse. Erweitert durch die Angabe von ein, zwei oder drei Kreuzen, je nachdem, ob es sich um ein brauchbares, um ein sehr nützliches oder sogar um ein für den Garten ganz außerordentlich wichtiges Insekt handelt.

Eifrige Läusejäger

Ordnung: Ohrwürmer – *Dermaptera*

N:S = 60:40 ++
(Siehe Farbbild Nr. 55 auf Seite 135)

Eine sehr, sehr alte Insektenordnung mit insgesamt 1300 Arten, in Mitteleuropa nur mit ca. acht Arten vertreten. Ihr Aussehen ist charakteristisch: langgestreckter Körperbau, Hinterleib mit Ringschuppen versehen. Die Oberflügel bedecken den Hinterleib nicht, sondern sind relativ kurz. Die eigentlichen Flugflügel – Ohrwürmer können fliegen – liegen gefaltet unter diesen. Alle besitzen ein stark ausgeprägtes, meist halbrundes Zangenpaar am Ende des Hinterleibes. Sie sind mittel- bis schwarzbraun und 10 bis 20 mm lang, wärmeliebend, und ernähren sich sowohl von pflanzlicher als auch tierischer Kost. Dabei jagen sie andere Insekten und deren Larven besonders in der Dämmerung und der Nacht. Finden sie nicht genug tierische Kost, so knabbern sie auch Blüten und Früchte an.
Der Verfasser hat dies in seinem eigenen Weinberg jedoch nie beobachtet. In manchen Sommern lebten in den reifwerdenden Trauben bis zu acht Ohrwürmer – angeknabberte Trauben gab es aber nie, Läuse auf den Pflanzen aber auch nicht.
Die Eier werden im Boden, in unterirdischen Kammern ausgebrütet, wobei sie vom Muttertier gegen Schimmelpilzbildung ständig beleckt werden. Bliebe dieses aus, so würden keine Larven ausschlüpfen. Ist das Brutgeschäft beendet, so stirbt das Muttertier und dient nun gleichzeitig als erste Nahrung für ihre Larvennachkommen.
Als eifrige Läusejäger sollten die Ohrwürmer von uns gefördert werden. Das geht leicht: Man hängt in einen Baum oder Strauch einen kleinen Blumentopf, locker gefüllt mit Holzwolle oder Stroh, umgekehrt auf. *Der Topf muß aber immer an irgendeiner Stelle den Stamm oder Ast berühren, damit die Tiere leicht in den Baum hinein können.*

Ein Tontopf, mit Holzwolle gefüllt im Beet stehend, ist Aufenthalts- und Nistplatz für Ohrwürmer.

Oder aber man stellt in einem Gemüse- oder Blumenbeet einen solchen Topf ebenfalls umgekehrt auf, wobei der Rand aber auf Hölzchen oder Steinchen gelegt wird und sich ca. 5 cm über dem Boden befinden muß (liegt er ganz auf dem Boden, so gehen unweigerlich Ameisen hinein). Besser noch steckt man ihn auf ein kleines Stöckchen, so daß er ca. 20 cm Abstand vom Boden hat. Auch im Rosenbeet erweisen sich solche »Ohrwürmerwohnungen« als äußerst nützlich, pro 2 m^2 genügt ein Topf. Im Frühwinter bis Frühling wird der Boden unterhalb dieser Nisttöpfe bzw. in Baumstammnähe *nicht umgegraben*, damit die Brutstätten nicht zerstört werden.

Wer konsequent solche Nistgelegenheiten für Ohrwürmer aufstellt, wird überrascht sein, wie stark diese Tiere mit den Läusen aufräumen.

Grausame Allesfresser

Ordnung: Fangschrecken – *Mantodea*

N:S = 90:10 +++
(Siehe Farbbild Nr. 2 auf Seite 9)

Von dieser Ordnung kennen wir in Mitteleuropa nur die Gottesanbeterin – *Mantis religiosa* –, ein 4 bis 8 cm großes Insekt, das bei uns, da sehr wärmebedürftig, leider nur noch in Süddeutschland, speziell im Kaiserstuhl und im Saargebiet, lebt. In Österreich findet man es in Kärnten und im Burgenland, in der Schweiz in den südlichen Landesteilen. In bekannten Aufenthaltsräumen darf kein Insektizid gespritzt werden, das Tier steht unter Schutz!

Das Aussehen der Fangschrecke ähnelt dem einer großen Heuschrecke; sie hat jedoch einen besonders langen Hals, einen kleinen, dreieckigen Kopf und abnorm kräftige Vorderbeine – ihre Fangbeine. Das Imago erscheint erst im August und lebt bis in den späten Herbst auf besonnten Hängen, an Waldrändern. Gefressen wird alles: Fliegen, Schnecken, Käfer, ja selbst Wespen. Noch schlimmer aber: Das Weibchen frißt nach der Begattung selbst das Männchen auf, und zwar vom Kopf her beginnend! Ihre Eier legt es dann in einen schaumartigen Kokon ab, der an Gräsern, kleinen Zweigen befestigt wird. Die Gottesanbeterin ist ortsfest, bleibt also am beobachteten Platz für lange Zeit heimisch.

Wer in südlichen Gegenden wohnt und das Glück hat, eine Fangschrecke zu finden, sollte versuchen, sie in seinem

Garten heimisch zu machen. Schon die ständige Beobachtung dieses interessanten Tieres lohnt sich.
Versuche von Gewächshausgärtnern am Kaiserstuhl, eine Fangschrecke im Gewächshaus anzusiedeln, sind fehlgeschlagen; anscheinend ist das Tier sehr freiheitsliebend, oder das Nahrungsangebot ist im Gewächshaus zu gering.

Schildlaus-Spezialisten

Ordnung: Wanzen – *Heteroptera*

Soweit Nützlinge: N:S = 70:30 ++
(Siehe Farbbild 1 auf Seite 9 und Farbbild 3 auf Seite 19)

Von den insgesamt ca. 40000 Arten, davon in Europa mit etwa 800 vertreten, zählen die Familien der Raubwanzen – *Reduviidae,* Sichelwanzen – *Nabidae,* die Blumenwanzen – *Anthocoridae,* und die Weichwanzen – *Miridae,* zu den Nützlingen.
Man kennt sie durchaus. Es sind kleine, 4 bis 10 mm große, recht flache, schildförmig aussehende Tiere. Sie besitzen meist eine schöne, farbige Zeichnung, z. B. rot mit schwarz. Auffälliges Merkmal ist, daß, vom Brustteil ausgehend, ein dreieckiges Schild – sei es als Höcker oder nur als Zeichnung – sich zwischen den Flügelfurchen befindet. Treten die Tiere in Mengen auf – und das ist meist der Fall –, ist an dieser Stelle ein charakteristischer, für uns unangenehmer Geruch, hervorgerufen durch ihre Stinkdrüsen, festzustellen.
Wanzen sind eifrige Insektenjäger! In der biologischen Schädlingsbekämpfung werden sie besonders zur sonst ja recht schwierigen Schildlausbekämpfung eingesetzt. Sie leben im Gras, aber auch in den Gemüsebeeten; selten sind sie auf den höher wachsenden Pflanzen zu finden. Lassen wir sie in Ruhe – es sind hervorragende Nützlinge, sie helfen uns im Garten.
Besonders fördern oder sogar vermehren können wir sie nicht, das gelingt nur in hierfür spezialisierten Instituten. Von diesen kann man sie dann beziehen und in bestimmten Fällen zur Schädlingsbekämpfung einsetzen.

Libellenähnliche Insektenjäger

Ordnung:
Schlammfliegen – *Megaloptera*
Ordnung:
Kamelhalsfliegen – *Raphidioptera*
Ordnung:
Echte Netzflügler – *Planipennia*

N:S = 80:20 +++
(Siehe Farbbilder 4 und 5 auf Seite 19)

Wir kennen sie alle, die Vertreter dieser Ordnungen. Es sind libellenartige, vierflügelige Insekten mit Spannweiten bis zu 5 cm und schön geäderten, durchsichtigen Flügeln sowie schlanken, braunen Körpern. Sie ähneln den Libellen, nur ist ihr Leib kürzer und nicht so bunt.
Samt und sonders sind sie große Nützlinge. Besonders gilt dies für die Wasserflorfliegen – *Sialidae,* die Kamelhals-

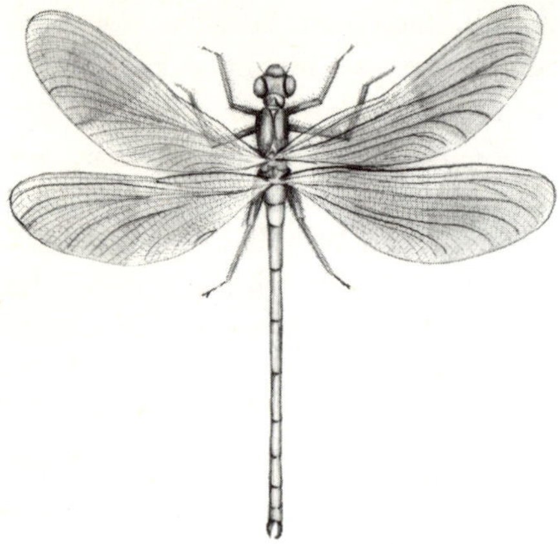

Gebänderte Prachtlibelle – *Colopteryx splendens.*

fliegen – *Raphidiidae,* die Taghafte – *Hemerobiidae,* die beispielhaft nützlichen Florfliegen – *Chrysopidae,* die Bachhafte – *Osmylidae,* Ameisenjungfern – *Myrmeleonidae,* und die Schmetterlingshafte – *Ascalaphidae,* um nur die bekanntesten Familien zu nennen. Vollinsekten wie Larven jagen gleichermaßen. *Sie gehören daher unbedingt geschützt.* Allein für diese Nützlinge ist ein kleines Biotop im Garten wertvoll, denn ihre Eiablage findet vornehmlich im Boden statt. Sie fressen viele kleine Insekten aller Art, besonders natürlich Läuse.

Besonderer Vorzug dieser Fliegenart: Schon im Mai stehen sie zur Schädlingsbekämpfung bereit. Weil sie weiträumige Flieger sind, halten sie sich natürlich bevorzugt an Plätzen mit gutem Nahrungsangebot auf. Wie stets bei der »Zusammenarbeit« mit diesen Nützlingen darf also nicht mit einem Gift gespritzt werden, sonst wandern sie ab. Man achte bei den hier genannten Nützlingen besonders auf die Florfliege und hier wiederum auf ihre Larve. Dieses Tier legt die Eier bevorzugt mittels feiner Stiele an Grünteile der Pflanze in Nähe von Blattlauskolonien. Fälschlicherweise halten wir die Eier dann manchmal für Schadpilze und vernichten sie. Die schnell ausschlüpfenden Larven jagen unermüdlich Blattläuse und haben daher auch den Namen »Blattlauslöwen« erhalten. Sie sehen den Marienkäferlarven ähnlich, sind aber mehr braun-gelblich und etwas größer, zeigen auch eine etwas stärkere Behaarung. Auch sie werden leider oft für schädliche Würmer gehalten und deshalb vernichtet.

Larve und Eigelege der Florfliege – *Chrysopa vulgaris,* auch Blattlauslöwe genannt.

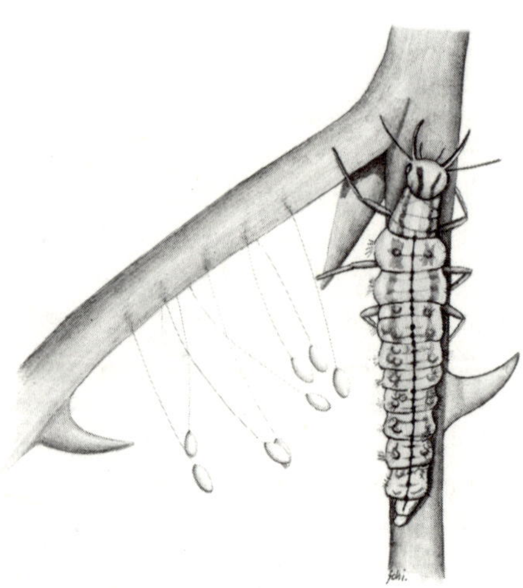

Die Überwinterung findet als Imago d. h. also als Vollinsekt statt. Sie halten sich dabei gerne in Dachböden, Scheunen, offenen Veranden, ja sogar in Wohnräumen auf. Weil sie zu unseren wertvollsten Nützlingen gehören, sollten sie in der Überwinterungsphase nicht gestört oder vernichtet werden.

Vielfältig nützliche Insekten

Ordnung: Hautflügler – *Hymenoptera*

Eine riesengroße Ordnung von mehr als 100000 Arten, allein in Mitteleuropa zählt man hier über 10000. Zu ihnen gehören die so unendlich nützlichen Bienen, die Wespen, Ameisen aber auch die für die Insektenvertilgung so wertvollen Schlupfwespen, Brackwespen, Erzwespen usw., die nachfolgend beschrieben werden.

Es sind fast durchweg flugfähige Tiere mit einem größeren Vorderflügelpaar sowie einem kleineren hinteren Flügelpaar. Überwiegend sind sie braun oder gelb gefärbt, nur wenige mit auffälliger Farbkombination gelb mit braun. Vielfach besitzen sie einen Giftstachel, der bei zahlreichen Arten zu einem Legestachel umgestaltet ist. Einen Stich der stachelbewehrten Hautflügler fürchten wir alle, er ist schmerzhaft und ruft auch mitunter starke Entzündungen hervor.

Die Tiere dieser Ordnung leben von Blüten, grünen Pflanzenteilen, aber auch – und dies besonders, soweit sie nachstehend als Nützlinge beschrieben werden – von anderen Insekten. Es gibt einzeln lebende Arten wie auch solche, die große, sozial vollendet ausgebildete Staaten bilden. Ihre Entwicklung ist typisch: Imago, Ei, Larve, Puppe, und wieder Imago. Die Larven haben stets die Freßgewohnheiten der Vollinsekten.

Für uns Menschen enthält diese Ordnung einige der wichtigsten Insektenarten überhaupt, die sowohl zur Bestäubung unserer Nahrungspflanzen wie auch als Nützlinge zur Vernichtung anderer, schädlicher Insekten dienen. Insekten vieler Familien nämlich legen ihre Eier in oder an andere Insekten während deren Larvenstadien ab, töten sie dabei, bzw. die Larven dieser Nützlinge benutzen ihre Wirte als erste Nahrung. Es ist eine grausame Art der Fortpflanzung, aber sie wird in immer stärkerem Maß von der biologischen Schädlingsbekämpfung, besonders in Gewächshäusern, genutzt.

Nachfolgend sind besonders nützliche Familien beschrieben. Man sollte sie kennen und schützen wie auch fördern. Sie gehören zu unseren wichtigsten Nützlingen im Garten, im Gewächshaus überhaupt!

Man sollte aber auch einige andere Familien dieser Ordnung durchaus respektieren, so z. B. die Wespe und die Hummel. Wenn man sie nicht stört, so tun sie auch nichts! Sie fressen aber tüchtig Läuse wie andere kleine Insekten. Eigentlich sind ihre sogenannten

Nützlingeigenschaften nur deswegen begrenzt, weil sie erst ziemlich spät im Jahr kommen. Ein Wespennest, weit hinten im Garten, sollte man ruhig dort lassen, es bringt mehr Nutzen als man glaubt, der Schaden, den die Tiere an süßen Früchten anrichten, ist dagegen gering.

Familie:
Echte Schlupfwespen –
Ichneumonidae
N:S = 90:10 +++
(Siehe Farbbild 6 und 7 auf Seite 19)

Eine sehr artenreiche Familie, allein in Europa kennen wir ca. 3000 hiervon. Es sind schlanke, elegante Insekten, Spannweite 10 bis 30 mm, Körperlänge 8 bis 15 mm. Sie sind sich auch in ihren Unterfamilien und Arten sehr ähnlich in Aussehen und Größe. Insgesamt sind es Parasiten für das Larvenstadium anderer Insekten, da sie mit ihrem Legestachel ihre Eier in oder an bzw. in absoluter Nähe der Insektenlarven anderer Ordnungen legen. Die ausschlüpfenden Schlupfwespenlarven verzehren nunmehr als Erstnahrung ihren Wirt. Es gibt Unterfamilien, z. B. die der Holzschlupfwespe – *Rhyssa* –, *(s. Farbbild Nr. 6)* die mit einem bis zu 30 mm langen Legebohrer durch das Holz zu bohren vermögen und dabei zielsicher eine Holzmade treffen. Sie haben eine Art Drehbohrertechnik entwickelt, indem sie sich ständig um die Achse ihres Stachels drehen, den sie dabei langsam in das Holz hineindrücken.

Gewisse Schlupfwespen werden von Anstalten vermehrt und als Larven gemeinsam mit ihren Wirtspflanzen von Gärtnereien gekauft, die diese dann in ihren Gewächshäusern aufstellen. Mittels Temperaturanstieg – bis zu 25 Grad – forciert man die Entwicklung zum Imago, welches nunmehr die Larven von Schadinsekten wiederum mit Eiern belegt und somit abtötet. In Mitteleuropa, und zwar besonders in spezialisierten Treibhäusern (Gurken, Auberginen), wird dieses Verfahren bereits viel angewendet. Zuchtbetriebe für Schlupfwespen sind im Anhang genannt.

Ihre Pflege? Man läßt im Freiland ruhig die Raupen auf den Gemüsepflanzen – die Schlupfwespen kommen schon. Einige Raupen schaden doch nichts, die Schlupfwespen aber brauchen sie zur Eiablage. Erfahrene biologisch arbeitende Gärtner sammeln einen übermäßig starken Raupenbesatz ab, bringen diesen auf einen durch ein sehr engmaschiges Gitter eingezäunten Platz, ca. 30 × 30 cm, innerhalb des Gemüsebeets (Nylongitter), der mit Kohlblättern belegt ist. So wird für reiche Schlupfwespen-Nachkommenschaft gesorgt.

Beim Kauf von Schlupfwespenlarven bei den erwähnten Anstalten muß rechtzeitig bestellt werden, damit der

21 Rebhuhn – *Perdix perdix,* Männchen.
22 Turmfalke – *Falco tinnunculus.*
23 Waldohreule – *Asio otus.*
24 Fasan – *Phasianus colchicus.*

21

22

23

24

Zeitunterschied zwischen Entwicklung der Schädlingslarven und dem Austritt der Schlupfwespen aus ihren Puppen berücksichtigt wird. Ferner müssen die Gewächshäuser beheizbar sein. Diese Art der Schädlingsbekämpfung hat sich bereits glänzend bewährt.

Familie: Brackwespen – *Braconidae*
N:S = 90:10 +++

Eine kleinere, 4 bis 5 mm große Art der Hautflügler, dunkelbraun mit meist ausgeprägtem rundem Hinterleib, der teilweise durch einen regelrechten Stiel vom Brustteil getrennt ist. Sie »arbeiten« für uns genauso, wie die vorhin genannte Familie der Echten Schlupfwespen. Besonders wertvoll innerhalb dieser Familie ist der Weißlingstöter – *Apanteles glomeratus,* der sich auf die Raupen der Kohlweißlingsarten wie auch auf Rübenraupen spezialisiert hat. Die Larven dieses Insektes ernähren sich vom Körper des Schädlings. Sobald sie herangewachsen sind und aus der Schädlingslarve heraustreten, verpuppen sie sich auch schon in einen gelben Kokon, der um die tote Raupe gesponnen wird. Leider werden diese Kokons oft als angebliche »Raupeneier« abgesammelt oder vernichtet. Aus Unkenntnis schädigen wir so einen unserer wertvollsten Nützlinge.

Schlafsäcke für Ohrwürmer, mit Aufhängedraht und Holzwolleinlage, aus alten Feuerwehrschläuchen. – Schilfrohr gebündelt als Insektenwohnungen.

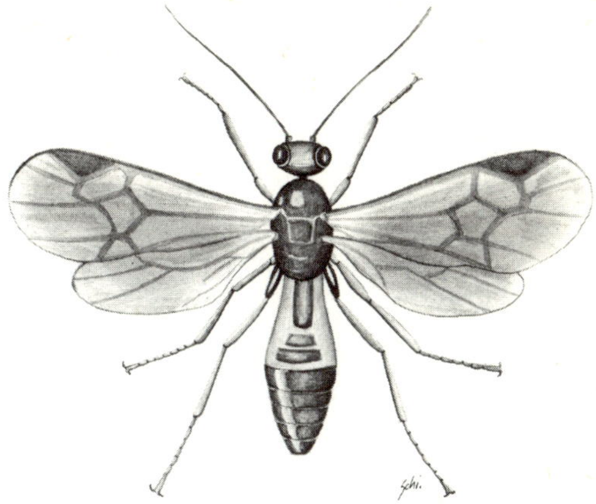

Die Brackwespe – *Apantateles glomeratus* erweist sich unter ihrem Namen Weißlingstöter als Nützling.

Familie: Erzwespen – *Chalcididae*
N:S = 80:20 +++

Hier ist besonders die Art der Blutlauszehrwespe – *Aphelinus mali* zu nennen. Ein ganz kleines, nur 2 mm großes

Larve und Kokons der Brackwespe.

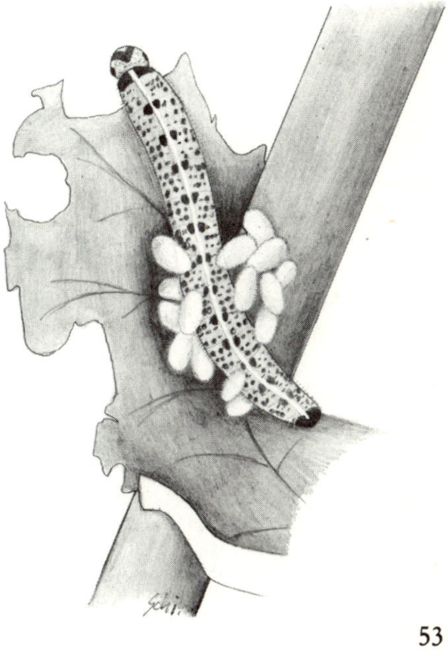

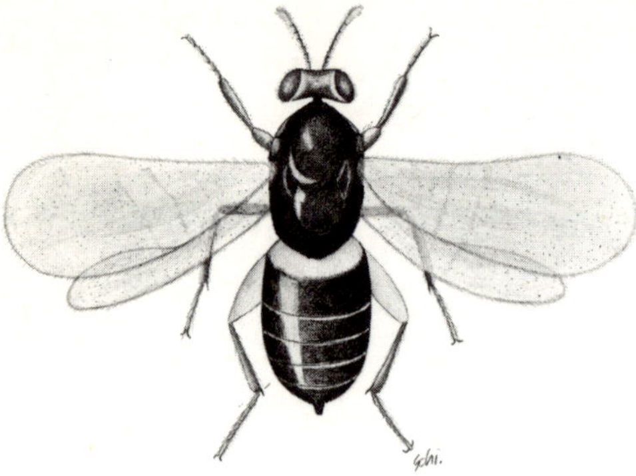

Die Blutlauszehrwespe – *Aphelius mali* ist einer der wichtigsten Blattlausbekämpfer.

Insekt mit rundlichem Hinterleib, das aussieht wie eine Minihummel, jedoch dunkler, fast schwärzlich gefärbt ist. Das Insekt übt die schon mehrfach beschriebene Eiablage vornehmlich in Blattlausarten aus. Die Blutlauszehrwespe ist deshalb so nützlich, weil sie pro Jahr bis zu acht Generationen hervorbringt. In den USA gilt dieses Insekt als der wichtigste Bekämpfer von Blattläusen. Auch sie wird gezüchtet, um im Gewächshaus, aber auch im Freien, dem biologisch eingestellten Landwirt zu helfen.

Familie: Goldwespen – *Chrysididae*
N:S = 60:40 ++
(Siehe Farbbild 9 auf Seite 30)

Es sind herrliche, hellblau-grüne wie auch blau-rote, metallisch schimmernde Vollinsekten von 4 bis 10 mm Größe. Ihre Larve entwickelt sich in den Larven von Erdwespen, Grabwespen usw., allerdings auch in denen einzeln (solitär) lebender Bienenarten. Sie läßt sich besonders gerne auf den weißen Dolden von Möhrengewächsen nieder; man sieht sie aber auch an Hauswänden, und hier bevorzugt auf dem Holzwerk, sitzen.

Familie: Ameisen – *Formicidae*
Je nach Art N:S = 60:40 bis 90:10
+ bis +++

Betrachten wir *alle* Ameisenarten überwiegend als nützlich! Von der großen Waldameise – *Formica rufa,* die unter strengem Naturschutz steht und »Polizei des Waldes« genannt wird, wissen wir es. Aber auch die kleinen Arten, die uns im Haus und auf der Terrasse manchmal ärgern und auch die Arten, welche Läuse pflegen und auf Obstbäumen und im Gemüsegarten umherkrabbeln, sind insgesamt mehr nützlich, als daß sie schaden. Wenn wir sie nicht wünschen, sind sie auch leicht fernzuhalten: ein Leimring um den Baumstamm hält sie von der Krone fern; im Gemüsegarten, und dort wo sie sehr stark auftreten, d. h. also speziell bei Bohnen, genügt es stets, die Erde zu lockern.
Und auf der Terrasse, vor dem Zimmer? Einen kleinen Blumentopf, Holzwolle locker hineingestopft, stellen wir *auf* die Schlupflöcher. Die Tiere finden das so herrlich, daß sie in drei, vier Tagen ihr ganzes Nest dahinein verlegen. Dann nimmt man den Topf und legt ihn im Garten aus, speziell am Kompostplatz. Dort sollen sie dann in

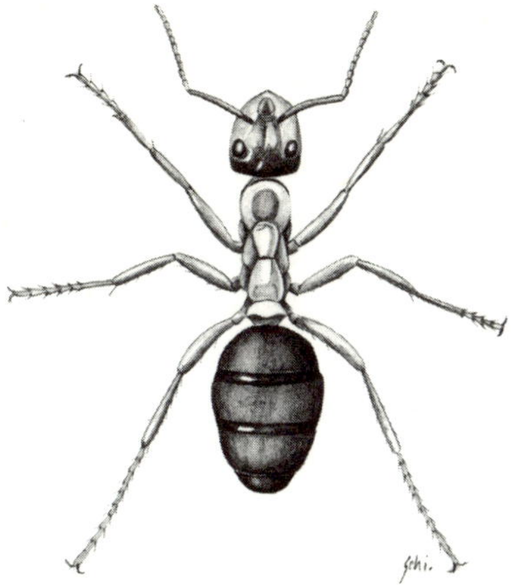

Die Waldameise – *Formica rufa* – ist die bekannteste dieser großen Nützlingsfamilie.

unserem Garten auch »Polizei« spielen. Ihr Nutzen? Neben süßen Pflanzen – und natürlich Blattlaussäften – fressen sie andere Insekten, deren Larven, kleine Würmer, aber auch viel modriges, verwesendes, faulendes pflanzliches Zellgewebe. Auch auf Gemüsebeeten sorgen sie für Sauberkeit, indem sie alles, was nicht niet- und nagelfest ist und sich zur Nahrung eignet, in ihren Bau schleppen.

Im Wald sorgen sie dank ihrer Läusepflege sogar für Honig, denn natürlich verarbeiten die Honigbienen auch die süßen Säfte von Läusen für den gesundheitlich so wertvollen Waldhonig.

Über Ameisen gibt es viel Literatur. Man sollte sich einmal ein Büchlein kaufen und dann staunen über die außerordentlich raffinierte Art ihres Sozialgefüges, die Größe ihrer Staaten und ihre enorme Leistungsfähigkeit.

Waldameisen wird man im Garten sicherlich nicht haben, der Lebensraum ist zu klein für so viele Tiere mit ihren großen Haufen. Man sollte jedoch einmal mittels der weiter oben beschriebenen Fangmethode versuchen, die im Garten lebenden kleineren Ameisenarten am Komposthaufen oder in direkter Nachbarschaft anzusiedeln; man wird feststellen, daß die Faulperiode gerade von Frucht- und Gemüseresten sehr viel kürzer wird, eine mögliche Geruchsbildung deshalb gar nicht erst auftritt und auch Maden, wie sie ja oft in faulenden Gemüseresten anzutreffen sind, nicht mehr vorkommen.

Noch auf einige weitere Familien der Hautflügler sei hingewiesen:

Familie: Pillenwespen –
Eumenidae
N:S = 60:40
(Siehe Farbbild 8 auf Seite 30)

Es sind wespenähnliche Tiere, nur mit umgekehrter Farbbildung: schwarzer Leib mit gelben Streifen. Sie jagen eifrig Raupen als Nahrung für ihre Larvenbrut.

Familie: Soziale Faltenwespen –
Vespidae
N:S = 50:50

Jawohl, es sind unsere Hornissen, wie auch die echten Wespen, die aber fleißig Fliegen, Raupen und alle anderen Arten von Insekten fressen und damit ihre Jungen füttern.

Familie: Grabwespen – *Sphecidae*
N:S = 50:50

Sie sehen den Faltenwespen sehr ähnlich, sind nur etwas dunkler, auch schwarz gefärbt. Sie jagen ebenfalls Fliegen, Raupen, allerdings auch Spinnen.

Familie: Hummeln, Stachellose Bienen, Honigbienen – *Apoidae*
N:S = 90:10 +++

Genannt werden muß selbstverständlich auch diese Familie, die manche Zoologen zur Überfamilie der Bienen oder Blumenwespen – *Apoidae* zählen; andere sehen die ganze Gruppe als Familie und die Hummeln, die Stachellosen Bienen und die Honigbiene als Unterfamilie an. Die Stachellosen Bienen kommen nur in den Tropen vor. Hummeln und Honigbienen sind für uns sehr nützlich, weil sie zur Bestäubung der hochentwickelten Blütenpflanzen absolut unentbehrlich sind! Die speziellen Arten der Honigbienen sind deshalb strengstens geschützt. Niemals darf während der Zeit des Bienenfluges, etwa eine Stunde nach Sonnenaufgang bis eine Stunde vor Sonnenuntergang, ein blühener Baum, eine blühende Wiese gespritzt werden. Dies kann strenge Strafen nach sich ziehen. Um die Bienen nicht zu schädigen, müssen die Hinweise für *alle Pflanzenschutzmittel einschließlich der Herbizide* sorgfältig beachtet werden – also nicht nur die der chemischen oder pflanzlichen Insektizide!

Gepanzerte Bodenbewohner

Ordnung: Käfer – *Coleoptera*

Käfer stellen unter den Insekten mit ca. 350 000 Arten, in Mitteleuropa mit 5500 Arten, die größte Ordnung dar; zugleich gehören sie auch mit zu den schönsten Kerfen, wie man die Insekten auch nennt, überhaupt. Ihre Größe reicht von weniger als einem Millimeter bis zu mehreren Zentimetern (z. B. Hirschkäfer). Sie besitzen gegenüber anderen Insekten klare Unterscheidungsmerkmale: ausgeprägte Fühler; glänzender, oft farbiger und harter Chitinpanzer des Brustteils. Der hintere Körperteil ist von den sogenannten Vorderflügeln bedeckt und geschützt. Diese sind grundsätzlich durch eine markante Mittelfurche geteilt, fest, hart, und dienen nicht zum Fliegen. Unter den Vorderflügeln befinden sich zwei Flugflügel. Sie haben kleine, meist knopfartige Augen.
Käfer leben vorwiegend auf oder im Boden, im Mulch, im Mist, einige Arten auch auf Pflanzen. Sie sind sowohl Fleischfresser als auch Pflanzenfresser oder auch Allesfresser. In ihrer Entwicklung durchleben sie eine vollständige Wandlung von der Larve und Puppe zum Vollinsekt, zum Imago; mit zum Teil langer Entwicklungszeit von meist einem Jahr, aber auch bis zu vier und fünf Jahren (Maikäfer, Hirschkäfer). Nach mehreren Larvenstadien häufig Kokonbildung, aus dem Kokon schlüpft dann der fertige Käfer.
Es gibt interessante Familien hierbei,

z. B. die der Bombardierkäfer, die sich auf eine bemerkenswerte Art vor Feinden schützen: Im Hinterleib besitzen sie Drüsen, gefüllt mit Stoffen, die beim Ausspritzen chemische Reaktionen auslösen. Dabei gibt es einen kleinen Knall, und es entsteht sogar ein Rauchwölkchen.
Auch der Leuchtkäfer, der ähnlich einigen Tiefseefischen sogenanntes »kaltes Licht« mittels chemischer Reaktionen erzeugen kann, ist für uns noch geheimnisvoll. Wir wissen nicht, wie er es macht!
Verständlich, daß es bei einer so großen Tiergruppe sowohl Schädlinge wie auch Nützlinge gibt, wobei wir aber für den Hausgarten feststellen können, daß insgesamt gesehen ihre Nützlichkeit überwiegt. Wir lassen alle Käferarten also gewähren, fördern aber die Familien der *Laufkäfer, Marienkäfer, Kugelkäfer, Buntkäfer und Aaskäfer*, so wie sie in der Folge beschrieben sind. Nur sehr wenige Käferarten richten großen Schaden an; beispielsweise unser beliebter Maikäfer, der als Vollinsekt durch starken Blattfraß und noch mehr in seinem drei- bis fünfjährigen Larvenstadium als Engerling schadet. Hiergegen werden wir uns natürlich schützen müssen.

Familie: Laufkäfer – *Carabidae*
N:S = 80:20 +++
(Siehe Farbbild 10 auf Seite 30)

Eine Familie mit 25000 Arten, in Mitteleuropa mit 500 Arten vertreten. Hiervon interessieren uns ca. 30 ganz besonders. Ihr Aussehen ist recht einheitlich; sie sind vorwiegend schwarz oder dunkelbraun gefärbt, relativ groß – ca. 2 bis 6 cm lang – und tragen an ihren Mundwerkzeugen ausgeprägte Zangen. Es sind insgesamt nützliche Räuber, die sowohl andere Käfer als auch sonstige Insekten und besonders deren Larven vertilgen. Die Käfer fressen bis zu 400 Raupen pro Jahr! Sie jagen meistens in der Dämmerung oder Nachtzeit und halten sich am Tag im modrigen Gras, unter Steinen, alten Brettern usw. auf. Erfahrene Gärtner bereiten ihnen im Beet kleine Schlupfwinkel aus diesem Material.
Ihre Eier legen sie im lockeren Boden ab. Auch die Larven sind eifrige Jäger von Insekten, bevorzugt sogar auf Bäumen. Laufkäfer können bis zu 4 Jahre

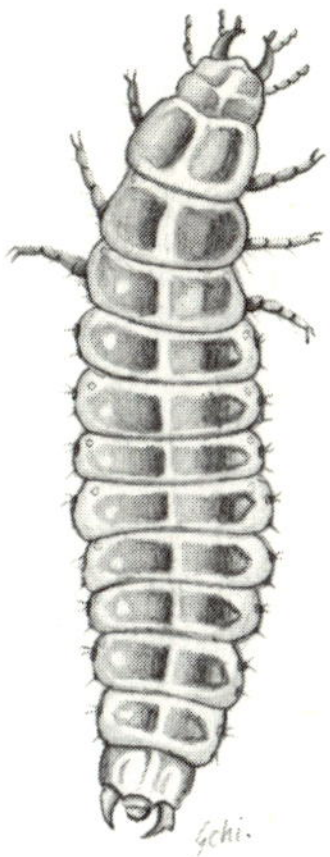

Larve des Laufkäfers – *Calosoma sycophanta* – erweist sich unter dem Namen »Puppenräuber« als wichtiger Nützling.

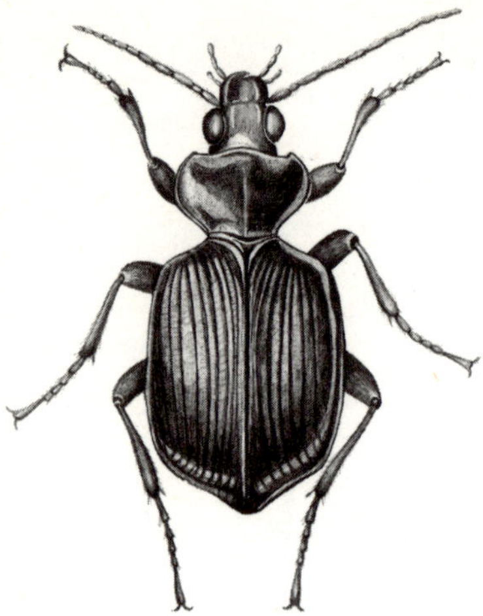

Großer Puppenräuber – *Calosoma sycophanta.*

alt werden, ihre Larve verpuppt sich zum Teil mehrfach.
Ein interessanter Hinweis hierbei: Besteht Schneckenplage, finden sich Raupen auf Kohlpflanzen o. ä., so legt man *in* den Beeten kleine Häufchen an mit ca. 20 cm Durchmesser, bestehend aus locker aufgeschichteten Steinen mit Holzstöckchen darin, in denen der Käfer tagsüber Unterschlupf findet. Er wird mit den Schnecken dann aufräumen.
Im Herbst wandert er gerne in Kellerschächte und Keller. Man hilft ihm wieder ins Freie und setzt ihn im Biotop aus, im Keller verhungert er.
Besonders wichtige Arten: Goldlaufkäfer *(Carabus auratus)*, Körnerwarze *(Carabus cancellatus)*, der Körnige Laufkäfer *(Carabus granulatus)*, der Puppenräuber *(Calosoma sycophanta)* und der Großkopf *(Broscus cephalotes)*.

Familie: Marienkäfer – *Coccinellidae*
N:S = 90:10 +++
(Siehe Farbbild 11 auf Seite 30)

Glückskäfer, Sonnenkälbchen, Siebenpunkt – wer kennt sie nicht, unsere kleinen Glücksbringer? Sie entstammen alle einer Familie, die schon klassisch zu nennen ist bei den nützlichen Insekten. Dies gilt für die Vollinsekten, mehr aber noch für die leider weithin unbekannten Larven bzw. Puppen. 4000 Arten gibt es in der ganzen Welt, in Mitteleuropa sind 70 bekannt. Sie ähneln sich alle in ihrer 4 bis etwa 8 mm kleinen, halbkugeligen Form, unterscheiden sich jedoch in ihrer Farbe und der Rückenzeichnung. Wir kennen sie in Rot mit schwarzen Punkten, aber auch braun bis schwarz mit roten oder gelben punktartigen Mustern, wie auch gelb und hellbraun mit schwarzen oder helleren Punkten.
Alle Marienkäferarten besitzen ein recht gutes Flugvermögen. Ihr Aufenthaltsort ist das grüne Blattwerk besonders der jungen Triebe, dort vermuten sie ja ihre Nahrung. Im Herbst halten sie sich in Raumrinde, in Blatthaufen oder im tiefen Gras am Stamm der Bäume auf, dort überwintern sie dann. Verhaltenstypisch: Werden sie gestört, so lassen sie sich fallen und stellen sich tot. Landen sie dabei auf dem Rücken, so benutzen sie ihre harten Deckflügel, um sich wieder umzudrehen – ihre Beinchen sind zu kurz, um dabei mitwirken zu können.
Die Eiablage findet stets auf der Unter-

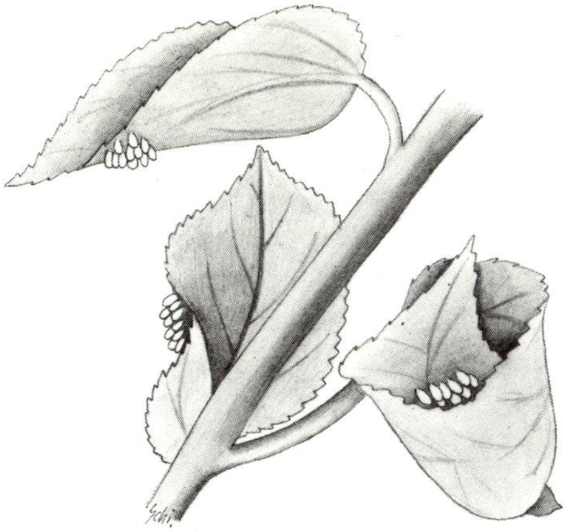

Die Eiablage des Marienkäfers – *Coccinella septempunctata* – findet stets an der Unterseite der Blätter statt.

Seite der Blätter statt. Es ist ein kleines Gelege von ca. 1 mm länglich-runden, gelben, dicht zusammenstehenden Eiern, ca. 10 bis 15 Stück, verteilt nur auf etwa einen halben cm^2. Diese Gelege finden sich vornehmlich in Nähe der Triebspitzen, bei Stangenbohnen also im mittleren bis oberen Teil der Pflanze, damit die ausschlüpfenden Larven sofort Nahrung vorfinden.

Ist schon der kleine Marienkäfer, also das Vollinsekt, ein hochwillkommener Nützling, so trifft dies für seine Larven noch viel mehr zu. Diese fressen bis zu zehnmal soviel Blattläuse wie die Imagines, die Vollinsekten. Die Entwicklungsdauer der Larve beträgt 30 bis 60 Tage. (Normalerweise gibt es zwei Generationen pro Jahr.) Die Larve häutet sich dabei viermal, um sich anschließend zu verpuppen, bevor das Marienkäferchen als Imago ans Tageslicht kommt.

In allen Stadien sind sie Räuber von kleinen Insekten, vorwiegend Blattläusen. Dabei kann eine Larve bis zu 800 Blattläuse verzehren! Die Überwinterung findet als Vollinsekt statt, vornehmlich im herabgefallenen Laub, in der Bastrinde von Bäumen, Sträuchern usw., aber auch nicht selten wird die menschliche Heimstatt als Aufenthaltsort ausgesucht.

Man sollte die Larve kennen! Sie ist ca. 10 mm groß, bläulich- bis schwarzgrau, der Körper ist mit Warzen besetzt und mit gelben Punkten gefleckt. Der Hinterleib verjüngt sich nach hinten spitz, ist ganz leicht behaart. Sechs Beine befinden sich am Vorderleib. Die Larve ist äußerst beweglich und hält sich natürlich vorwiegend in Blattlausansammlungen auf.

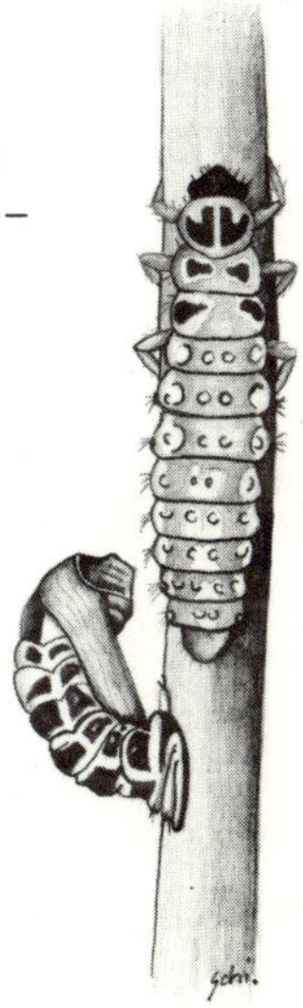

Puppe und Larve des Marienkäfers – *Coccinella septempunctata.*

Aber auch die Puppe müssen wir kennen. Sie sieht aus wie eine kleine, dickliche Schnecke, ist aber nur 6 mm groß, hell- bis mittelbraun gefärbt, und hat eine schwarze, punktförmige Zeichnung. Auch sie heftet sich an Grüntrieben an. Leider wird die Larve oft als Raupe und die Puppe als Schnecke angesehen und vernichtet – dabei beraubt man sich seiner besten Gartenhelfer!

Was können wir tun, um das Marienkäferchen zu fördern? Es wird nicht mehr gespritzt! Zwar kann das Imago dank seiner Flugfähigkeit noch fliehen – Larve und Puppe jedoch können dies nicht. Darum lernen wir die drei Lebensformen dieses Käfers kennen, damit wir sie nicht als Schädling ansehen und vernichten. Zum dritten schaffen wir dem Imago Überwinterungsmöglichkeiten. Am einfachsten ist es, herabgefallenes Laub von Bäumen und Sträuchern in Stammnähe liegenzulassen und sogar leicht anzuhäufen. Dort bleibt es dann bis zu den ersten warmen Tagen des Frühjahrs. Lassen wir aber auch das Gras in Stammnähe und unter Büschen ab Herbst höher wachsen und mähen es nicht mehr ab, auch im sich bildenden Mulch finden die Käfer guten Unterschlupf.

Die Stammpflege der Bäume vernachlässigen wir jedoch nicht – sie hat Vorrang, auch auf Leimringe sollten wir nicht verzichten – die Käfer *fliegen* ja im Frühjahr wieder auf die Bäume, werden also von Leimringen nicht gestört.

In Gewächshäusern siedelt sich diese Familie von allein an. Während der typisch rote Marienkäfer – *Coccinella septempunctata* – wieder gerne ins Freie entweicht, sind die gelblichen Arten – *Coccinella quatuordecimpustulata* wie auch *Thea vigintiduopunctata* – recht ortsansässig. Sie bleiben also im Haus, vorausgesetzt sie finden dort Nahrung. Ein erfahrener Gewächshausgärtner hat immer einen gewissen Läusebestand auf seinen Bohnen, Tomaten usw., um den Nützling im Hause zu halten!

Ob das klassische Marienkäferchen oder seine vielen anderen Arten – alle Marienkäfer haben eine hohe Bedeutung im Kampf gegen Blatt-, Schild- und Blutläuse; schon sie allein sind in der Lage, einer überstarken Vermehrung dieser Schädlinge wirksam entgegenzutreten.

Familie: Buntkäfer – *Cleridae*

Es gibt ca. 3500 oft sehr bunte Arten, in Mitteleuropa leben jedoch nur ca. 18. Sie sind zwischen 5 und 15 mm groß; Imagines und Larven leben vor allem von Holzinsekten. Es sind flinke Läufer, aber auch gute Flieger. Ihr Aussehen ist länglich, rechteckig bei zylindrischem Körper. Kopf, Brustteil und Deckflügel sind teils gleich gefärbt, zum Teil zweifarbig, aber auch mit wunderschönen farbigen Zeichnungen versehen. Einige Arten sind für uns interessant, man sollte sie kennen:

25 Kuckuck – *Cuculus canorus.*
26 Wiedehopf – *Upupa epops.*
27 Ziegenmelker – *Caprimulgus europaeus.*

25

26

27

Ameisen-Buntkäfer – *Thanasismus formicarius*
N:S = 80:20 +++
(Siehe Farbbilder Nr. 12 und 14 auf Seite 30/31)
Auch Borkenfresser genannt. Mit einer besonders schönen lebhaften grauweiß-braunen Zeichnung auf Brust- und Rückenteil. Käfer und Larve leben auf und in Rinden von Nadelbäumen, wo sie den Borkenkäfer jagen. Die Eiablage und Überwinterung findet unter der Rinde statt.

Eichen-Buntkäfer –
Pseudoclerops mutillarius
N:S = 70:30 ++
Er wird 10 bis 15 mm groß, ist grünbräunlich gefärbt und lebt, wie sein Name schon sagt, vorwiegend auf Eichen, besonders auf gefällten Bäumen. Dort jagt er Schadinsekten aller Art.

Haus-Buntkäfer – *Opilo domesticus*
N:S = 70:30 ++
Größe 7 bis 12 mm. Besonders seine Larven jagen den Hausbock. Im Freien fangen sie speziell die Larven der Borken- und Rüsselkäfer.

Erwähnt werden sollte auch der Bienenwolf – *Trichodes apiarius*
N:S = 60:40 +
(Siehe Farbbild 13 auf Seite 31)

Brautgeschenkspinne *(Pisaura listeri)*, eine Jagdspinne.

Sein Kopf ist meist kobaltblau, sein Rumpf rot-violett gestreift. Er wird 10 bis 16 mm groß, und er jagt besonders auf den Dolden der Möhrengewächse Insekten aller Art. Seine Larven entwickeln sich in den Nestern wilder Bienen, manchmal aber auch in den Stökken der Honigbienen. Dort fressen sie Larven und Puppen, allerdings wohl nur solche, die anscheinend nicht lebensfähig sind und vernachlässigt werden. Er gilt deshalb heute nicht mehr als Bienenschädling.

Kolbenkäfer – *Corynetidae*
N:S 75:25 ++
Besonders bekannt ist hier der Blaue Kolbenkäfer – *Corynetes coeruleus (siehe Farbbild 15 auf Seite 31)*, auch Fellkäfer genannt. Er stellt den Nage- und Borkenkäfern nach. Einheitlich kobaltblau eingefärbt, wird er 3 bis 6 mm groß und entwickelt sich im Holz. Auch er lebt auf Blüten und Dolden, ferner in menschlichen Behausungen, und zwar besonders auf Dachböden. Dort frißt er Insekten sowie deren Larven, die sich speziell an Vorräten tierischer Herkunft aufhalten (Würste, Schinken, Geräuchertes).

Familie: Aaskäfer – *Silphidae*
N:S = 80:20 +++
(Siehe Farbbild 17 auf Seite 31)

Eine in ihrer Lebensart sehr interessante Familie. Die Käfer haben ein martialisches Aussehen, sind zwischen 10 und 20 mm groß, meist schwarz oder

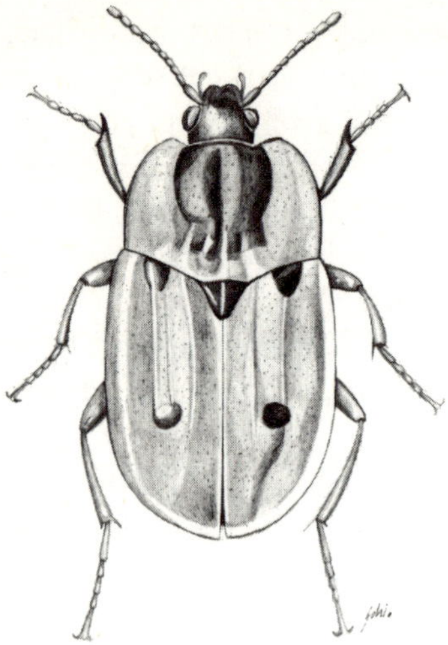

Der Vierpunkt-Raupenjäger – *Xylodrepa quadripunctata* gehört zur Familie der Aaskäfer.

schwarzbraun gezeichnet. Die Flügeldecken bedecken in der Regel nicht den ganzen Hinterleib, dieser liegt daher am Ende ein Stückchen frei. Sie verscharren unter oft heftigen Kämpfen, die bis zum Sieg einer Familie ausgefochten werden, in stundenlanger Arbeit ein Aas, also tote Würmer, Käfer, Fliegen usw., die sie dann in harter Arbeit noch kugelförmig einrollen und sorgfältig bedekken. Anschließend werden neben diesem verscharrten Aas die Eier abgelegt.

Ihre besonders nützlichen Arten, z. B. der Gemeine Totengräber – *Necrophorus vespillo* wie aber auch der Vierpunkt-Raupenjäger – *Xylodrepa quadripunctata,* fressen Raupen, Schnekken und Würmer wie auch Larven anderer Insekten. Sie leben am Boden, auch auf Büschen und Bäumen, ihre Larven halten sich jedoch nur am Boden auf. Die Larven dieser Nützlinge sind Schneckenfresser
Kann man sie halten, sie schützen? Kaum, wir werden ja nicht ihretwegen Aas in den Garten legen. Aber wir wollen sie nicht verfolgen, und die Einrichtung eines Biotops sichert ihren Bestand in unserem Revier.

Familie: Mistkäfer – *Scarabaeidae*
N:S = 50:50 +
(Siehe Farbbild 17 auf Seite 31)

Es ist die Familie der Mist-, Dung-, Mai- und auch Rosenkäfer. 20000 Arten gibt es, 700 in Europa, in Mitteleuropa ca. 150. Eine sehr große Familie meist hübscher, bunt glänzender Käfer, die alle ihrem bekanntesten Vertreter, dem Maikäfer, sehr ähnlich sehen. Abgesehen von einigen argen Schädlingsarten – besonders gerade der Maikäfer – nutzen uns andere Arten durch Fraß von Raupen, Larven sowie auch sonstigen Käfern. Indirekter Nutzen entsteht, indem viele Käfer tierischen Dung verarbeiten; sie brauchen ihn für die Brutpflege. Ihre Entwicklung – Imago zur Larve und über die Puppe wieder zum Imago – dauert oft bis zu fünf Jahren.
Besonders die *kleinen* Exemplare dieser Familie, also die Mistkäfer, Dungkäfer usw., die vorwiegend im Mulch, auf Komposthaufen usw. leben, sind Nützlinge. Wir lassen sie in Ruhe. Gerade auf Komposthaufen sind sie und ihre

Larven äußerst nützlich, sie tragen zur schnelleren Verrottung des Materials bei.

Familie: Rindenkäfer – *Colydiidae*
N:S = 80:20 +++

2 bis 7 mm kleine, längliche, meist braun gefärbte Käfer, die bevorzugt unter der Baumrinde leben und dort andere Rindenschädlinge jagen. Als Beispiel sei der nur 3 mm große *Rhizophagus bipustulatus,* der Flache Rindenkäfer genannt, der den schädlichen Borkenkäfer bzw. dessen Raupen frißt. In der Forstwirtschaft hat er große Bedeutung. Liegt der Garten in der Nähe eines Waldes oder hat selber einen guten, alten Baumbestand, so sollte man diesen Käfer kennen und ihn in Ruhe lassen.

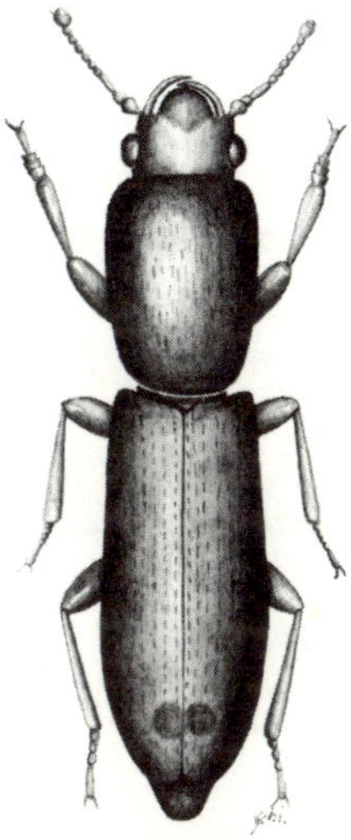

Der Flache Rindenkäfer – *Rhizophagus bipustulatus* – ist ein wichtiger Feind des schädlichen Borkenkäfers.

So weit die Aufzählung der besonders nützlichen Käferarten. Noch ein Hinweis: Auch das Sammeln ausnehmend schöner Käfer kann Freude machen und zum Hobby werden. Die im Anhang genannten Insektenbestimmungsbücher haben meist eine Anleitung, wie dabei sachgemäß vorgegangen wird. Natürlich wird durch eine solche Beschäftigung auch der Blick für die Unterscheidung der einzelnen Käferarten geschärft, so daß man es dann leichter hat, die nützlichen von den schädlichen Arten zu unterscheiden.

Drei Nützlinge unter zahllosen Schädlingen

Ordnung: Zweiflügler – *Diptera*

Es handelt sich bei Insekten dieser Ordnung um die weithin als *Fliegen* bezeichneten Tiere. Angefangen von kleinsten Gallmücken mit nur Millimetergröße über Schweb-, Frucht-, Stechfliegen und auch den echten Fliegen bis hin zu den großen Bremsen gibt es ca. 60000 Arten, davon allein in Mitteleuropa ca. 7000.
Ihr Erscheinungsbild ist bekannt – stets nur zwei relativ große Flügel, Körper schlank bis gedrungen oder dicklich. Auffälligstes Merkmal sind ihre meist sehr großen Facettenaugen.
Wenn auch die Imagines gut bekannt sind, die Larven oder Puppen sind weit-

gehend unbekannt, denn sie leben sehr versteckt. Nur als sogenannte Maden fallen sie unangenehm auf, besonders wenn sie dabei unsere Lebensmittel verderben. Im Grund also eine schädliche, lästige Ordnung des Insektenreiches, jedoch mit drei Ausnahmen: den *Raubfliegen,* den *Raupenfliegen* und den *Schwebfliegen.* Diese drei Familien gehören zu den außerordentlich nützlichen Insektenarten – lernen wir sie näher kennen.

Familie: Raubfliegen – *Asilidae*
N:S = 90:10 +++

Man nennt sie auch Jagdfliegen, denn sie ernähren sich als Imago von lebenden Insekten aller Art, die sie vorwiegend im Flug fangen. Selbst Hornissen werden von der Art der Hornissenjagdfliege – *Asilus crabroniformis* – angegriffen und verzehrt! Gemeinsames Merkmal: Ein schlanker, spitz auslaufender Hinterleib, schwarz-gelb gefärbt und eine tiefe Furche zwischen den Facettenaugen, in der zusätzlich noch drei Punktaugen sitzen. Eine besonders häufige Art, die Mordfliege – *Laphria flava* *(siehe Farbbild 16 auf Seite 31)* kennen viele von Waldausflügen her; sie lebt vorwiegend an Waldrändern und sitzt gerne auf geschlagenem Holz, auf Blütendolden, speziell aber auf Weidenröschenarten. Dort lauert sie auf ihre Beute, nämlich Käfer, Wanzen, Schmetterlinge und fliegende Insekten aller Art. Ihre Larven sind weniger nützlich, sie leben vorwiegend vom Mulch, also verfallenem Pflanzenmaterial. Ihre Eier legt die Mordfliege in Sand oder in Rindenritzen.
Wie können wir die Mordfliege im Garten ansiedeln, dort heimisch machen? Ein kleines Biotop genügt bereits! Dort gedeihen auch die hübschen, rot blühenden Weidenröschen. Es lohnt sich, einige dieser Waldblumen anzupflanzen, sie vermehren sich von allein kräftig.

Familie: Schwebfliegen – *Syrphidae*
N:S = 90:10 +++
(Siehe Farbbild 19 auf Seite 41)

Sie sehen den Bienen zum Verwechseln ähnlich, nur ist ihre gelb-schwarze Zeichnung auffälliger, exakter ausgebildet, ihr Leib ist etwas schlanker. Es sind die schnellsten Flieger unter den Insekten: Schwirren sie minutenlang an einer Stelle, stehen sie förmlich in der Luft, so sind sie plötzlich blitzschnell woanders zu sehen, ihren Flug können wir gar nicht wahrnehmen. Ist das Imago bereits nützlich für die Bestäubung der Blüten, so dienen uns die Larven dieser Familie als ganz besonders wertvolle Läusefresser. Am bekanntesten sind die Arten *Epistrophe balteata* und *Bacha elongata.* Sie leben von April bis Oktober in unseren Gärten, besonders häufig findet man sie auf Blütendolden der Umbelliferen.
Das Imago legt seine Eier auf Blattunterseiten – sie sehen aus wie kleine, gelb-weiße Reiskörner – speziell dort, wo es Blattläuse »riecht«. Die in nur

Larve und Gelege einer Schwebfliege – *Syrphus nitidicollis.*

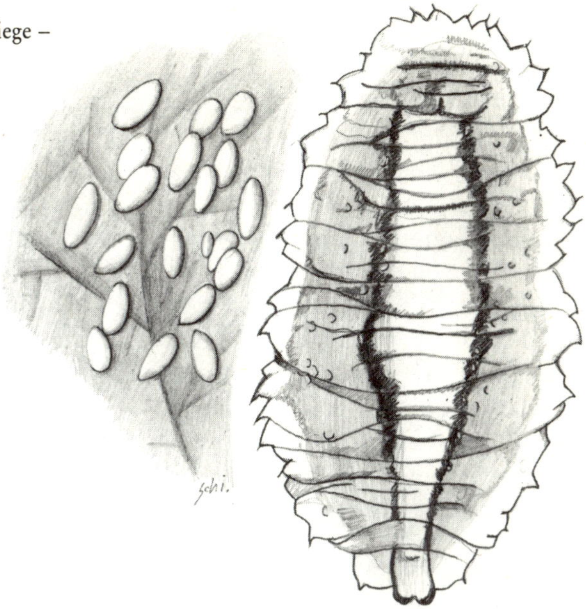

wenigen Tagen ausschlüpfenden Larven finden jetzt sofort ihre Nahrung. Sie fressen während ihres acht- bis zehntägigen Lebens täglich bis zu 100 Läuse. Dabei haben sich einzelne Arten der Schwebfliegen auf einzelne Blattlausarten spezialisiert. Charakteristisch ist dabei, wie die Larve frißt: sie hakt zwei Fangzähne in die Laus, reißt sie vom Blatt ab und in die Höhe und saugt sie nunmehr aus. Dann klebt sie die tote Hülle mittels ihres Speichels wieder auf dem Blatt fest und wendet sich sofort der nächsten Laus zu. Betrachten wir solche Blätter nur oberflächlich, so denken wir, sie seien noch voller Läuse, in Wirklichkeit sind es aber nur noch ihre Hüllen. Hauptjagdzeit ist die Nacht, tagsüber sitzt die wie plattgedrückt aussehende und auch nur 10 mm lange Larve versteckt unter Blättern. Sie ist dabei durch ihre grüne bis grünlichgelbe Färbung mit auch grüner Musterung sehr gut geschützt.

Für uns gilt: Finden wir die kleinen Eier unter den Blättern, so haben wir Grund zur Freude, denn die Larven dieser Schwebfliege werden in kurzer Zeit mit der Läuseplage der betreffenden Pflanzen ein Ende machen. Gerade die Larven aber sind auch besonders empfindlich gegen Insektizide aller Art. Ein Grund mehr, kein Gift mehr zu verspritzen.

Familie: Raupenfliegen – *Tachinidae*
N:S = 90:10 +++
(Siehe Farbbild 20 auf Seite 41)

Auch dies ist eine sehr artenreiche Familie, allein in Mitteleuropa sind ca. 500 hiervon bekannt, allerdings mit recht verschiedenartigem Aussehen: schwarz, aber auch schwarz-gelb gefärbt, mit durchaus verschiedenen Leibesformen. Ein gemeinsames Merkmal ist jedoch die starke Behaarung sowohl ihres gesamten Leibes wie auch der Gliedmaßen mit kräftigen Borsten.

Eine ungewöhnlich nützliche Familie! Auch hier nicht durch die Imagines, sondern durch die Larven. Das Imago legt seine Eier entweder in Raupen, also die Larven anderer Insekten, oder klebt sie auf oft raffinierte Weise an diese an. Die ausschlüpfenden Tachinidenlarven verzehren dann ihren Wirt bei lebendigem Leib.

Eine zweite Familiengruppe macht es noch anders, sie legt ihre Eier an die Nahrungsstellen anderer Insekten. Entweder werden diese dann mitgefressen und entwickeln sich im Leib des Wirtstieres, oder aber es kommen bereits auf der Pflanze Larven hervor, die sich dann am Wirtstier festhaken, in dessen Körper einwandern und es von innen her auffressen.

Egal wie sie es machen – das Larvenstadium dieser Familie nützt uns sehr. Sie sind deshalb besonders wirksam, da sie sich schnell und kräftig vermehren, so daß sie sehr oft den Zusammenbruch eines starken Schädlingsbefalles bewirken können. Die Forstwirtschaft »arbeitet« mit den Raupenfliegen seit langer Zeit zusammen.

Was können wir tun, um diese klassischen Nützlinge im Garten zu halten? Wir pflanzen möglichst viele Pflanzen aus der Familie der Umbelliferen, also Doldengewächse – *Apiaceae* an bzw. lassen wildwachsende unbedingt stehen. Um hier nur einige zu nennen: Mannstreu, Kerbel, Bibernelle, Möhrengewächse, Fenchel, Bärwurz, Kümmelarten, Liebstöckel, Bärenklau, Meisterwurz, Schierling. Nicht nur für die Raupenfliegen, sondern auch für Schwebfliegen sind die Dolden beliebte Aufenthaltsorte. Da die Pflanzen zugleich wichtige Gewürz- und Küchenkräuter sind, ist ihre Ansiedlung im Garten eigentlich kein Problem. Man pflanzt sie in jedem Fall um die Gemüsebeete herum oder sogar mitten hinein. Einzelstehende, konzentriert bepflanzte Kräuterbeete sind viel weniger nützlich. Auch die *Phacelia* und die vielen Wickenarten als Leguminosenpflanzen, wie auch andere Nektarpflanzen, werden von dieser Nützlingsfamilie bevorzugt.

Spinnentiere – *Arachnoidea*

Entgegen der üblichen Meinung rechnen die Zoologen die Spinnentiere nicht zu den Insekten. Haben Insekten eine Dreiteilung ihres Körpers in Kopf, Brust und Hinterleib, wobei die sechs Beine sowie die Flügel am Bruststück befestigt sind, so weisen die Spinnentiere eine Zweiteilung auf, nämlich Kopfbruststück und Hinterleib. Sie haben acht Beine, jeweils am Kopfbruststück angesetzt, und besitzen keine Flügel.

Man unterscheidet fast 25000 Arten,

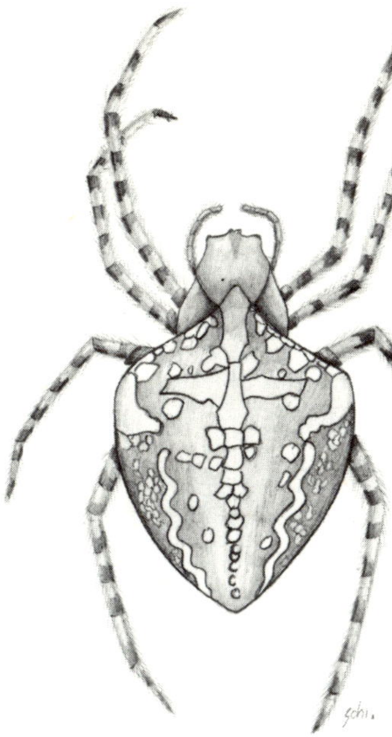

Auch die Kreuzspinne – *Aranea diadema* – ist nützlich. Man sollte sie in Ruhe lassen.

aufgeteilt in viele Familien. Auch die Milben gehören hierher, es sind kleinste Spinnentiere, meist unter 1 mm Größe. Die Aversion vieler Menschen gegen Spinnen ist unberechtigt, sie tun uns nichts. In ihren fein gesponnenen Netzen fangen sie jedoch fliegende Insekten jeder Art und fressen sie dann.
Besonders bekannt und in unseren Breiten am meisten verbreitet ist die Kreuzspinne – *Aranea diadema*, die am Haus und im Garten ihre manchmal bewundernswert schönen Netze baut. Lassen wir sie doch in Ruhe – zerstören ihre Netze nicht. Auch die kleinen gelben Kokons, mit denen sie ihre Eier schützt und aus denen im Frühjahr dann die Jungspinnen schlüpfen, sollten unberührt bleiben. Ganz sicher wird keine Hausfrau mit meinem Vorschlag einverstanden sein, Spinnennetze in Wohnräumen zu dulden, aber keine Mücke würde sie mehr stören. Auf Böden, in Keller- und in Vorratsräumen sind Spinnen ein vorzüglicher »automatischer« Schutz gegenüber Ungeziefer aller Art. In den mohammedanischen Ländern ist die Spinne heilig. Ein Spinnennetz schützte Mohammed vor seinen Verfolgern, als er in einer Höhle Zuflucht suchte. Sie wähnten wegen des Spinnennetzes die Höhle für unbewohnt und zogen weiter.
Anders dagegen die Ordnung der *Milben* mit ihren fast 10000 verschiedenen Arten. Sie stören uns Menschen überwiegend, ausgenommen die Arten der sogenannten *Raubmilben*. Diese haben sogar im biologischen Pflanzenschutz eine Berühmtheit erlangt, denn sie fressen speziell die im Garten und im Obst- sowie Weinbau so schädlichen Spinnmilben.
Hier hat die Art *Phytoseiulus persimilis*, die vor wenigen Jahren entdeckt, aus Brasilien nach Europa eingeführt und hier kultiviert wurde, sogar Berühmtheit erlangt. Sie wird gezüchtet, und man kann ihre Eier, eingebettet in ein Kleiepräparat, kaufen. Streut man dieses Präparat auf befallene oder zu schützende Pflanzen und heizt das Gewächshaus auf ca. 25°C, so krabbeln schon in kurzer Zeit 1 bis 2 mm große Raubmilben heraus. Sie wandern eilig auf den Pflanzen umher, gehen auf Nachbarpflanzen und durchstöbern das ganze

Gewächshaus, um sich ihre Nahrung zu suchen. Sie finden zielsicher andere Milben, verschmähen aber auch junge Läuse sowie kleinste Larven anderer Insektenarten nicht.

Selber züchten kann man sie nicht, denn wenn sie keine Nahrung mehr finden, verschwinden sie irgendwie, gehen ein. Man muß sich also für die nächste Saison wieder ein frisches Präparat besorgen.

Steht ein Gewächshaus im Garten und halten sich dort Schadmilben auf, z. B. die Obstbaumspinnmilbe (»Rote Spinne«), so braucht man kein Akarizid einzusetzen. Dieser biologische Pflanzenschutz wirkt genauso, hält die Saison über vor, ist ungiftig und keinesfalls teurer.

Im Freiland hat sich die *Phytoseiulus* bis jetzt nicht so gut bewährt, denn die Wärmegrade und die Witterungsverhältnisse im Freiland bei uns lassen sie nicht richtig zur Entwicklung kommen.

Wer dieses Kapitel sorgfältig gelesen hat, wird dem Verfasser wohl recht geben, daß sich Schädlinge – und darunter verstehen wir ja vorwiegend Insekten – ganz hervorragend durch Nutzinsekten bekämpfen lassen. Wir müssen nur akzeptieren, daß diese Methode keinen hundertprozentigen Erfolg bringen kann. Auch im Verhältnis von Nützling zu Schädling lebt die Natur im Gleichgewicht! Erreichen können wir aber nur etwas, wenn wir die gesamte Insektenwelt völlig in Ruhe lassen und nicht mit Giften eingreifen. Wer die natürlichen Möglichkeiten ausnützen möchte, läßt die Finger von jeder Giftspritze und Insektiziden aller Art und wappnet sich in Geduld. Ein Biotop einrichten – das kann ein großer Baum, eine dichte Hecke, ein großer Busch, ein kleiner Teich sein – und zwei bis drei Jahre abwarten, dann stimmen die natürlichen Regulationsmechanismen wieder.

Und der Rest der Schadinsekten, der nicht durch hier beschriebene Nützlinge niedergehalten wird? Nun, wir haben ja noch die Kriechtiere, die Vögel und kleinen Säugetiere, von denen die nächsten Kapitel handeln.

Diese Nützlinge stehen jedoch in ihrer Bedeutung für den Garten erst an zweiter Stelle. Sie unterscheiden natürlich nicht zwischen den für uns Menschen nützlichen oder lästigen oder gar schädlichen Arten – sie fressen alle. Ihre Bedeutung soll keinesfalls geschmälert werden, aber auch nicht überbetont. Ein Sechstel bis ein Viertel der von anderen Nutztieren gefressenen Insekten sind eben auch Nützlinge!

Der Verfasser kennt biologisch ausgerichtete Gärtner, die aus diesem Grunde auf die »Mitarbeit« von Vögeln bewußt verzichten und nur mit einer gekonnten Mischkultur und vielen Wirts-

28 Alpensegler – *Apus melba,* links, fliegend: Mauersegler – *Apus apus.*

29 Schwarzspecht – *Dryocopus martius.*

28
29

pflanzen für Insektennützlinge ihren Gemüse- und Obstgarten einwandfrei in Ordnung halten. Der Verfasser hält das für falsch, weil auch wieder zu einseitig, zumindest soweit es sich um Freiland handelt. Im Gewächshaus degegen stimmt diese Methode, dort herrschen ja auch künstliche Bedingungen. Hier tun es also die Nutzinsekten allein, Vögel läßt man dort nicht hinein.

Allen Gewächshausbesitzern sei daher geraten, Spezialliteratur – die aufgeführten Zuchtbetriebe weisen sie nach – zu lesen und sich in dieses hochinteressante Gebiet einzuarbeiten.

Ein wichtiger Grund für die biologische Schädlingsbekämpfung im Gewächshaus sei noch genannt: Hier wirken alle Pestizide viel intensiver und auch länger, die Wartezeiten*) verdoppeln, ja verdreifachen sich, da es keine natürlichen Witterungsabläufe gibt. Bei Dauerkulturen wie Gurken, die die ganze Saison hindurch Frucht bringen, kann man gar keine Spritztermine, Warte- und Erntezeiten voneinander trennen, sie gehen ineinander über. Hier sind also viele der genannten Nutzinsekten geradezu Voraussetzung für eine rückstandsfreie Ernte.

Raubwanze mit Queckeneule *(Pentatoma rufipes)*. Raubwanzen werden in Laboratorien vermehrt und als Nützlinge, besonders in Gewächshäusern, eingesetzt.

*) Wartezeit, Karenzzeit, von der Regierung für jedes chemische Pflanzenschutzmittel festgelegte Mindestzeit zwischen Behandlung einer Kulturpflanze und Verwendung des Ernteguts als Nahrungs- oder Futtermittel, z. B. für Lindan: 30 Tage bei Obst, 21 Tage bei Gemüse. Die Wartezeiten unterliegen der Kontrolle (chemische Analyse von Stichproben) durch den amtlichen Pflanzenschutzdienst. Gärtner sollten beim Pflanzenschutzamt eine Liste der Wartezeiten anfordern und sich streng danach richten.
(Nach »Neues großes Gartenlexikon«, siehe Literaturhinweis.)

Vögel

Ist die Insektenwelt für uns fremd und schwer verständlich, so ist es mit den Vögeln umgekehrt. Von allen großen Tierklassen sind sie uns am liebsten, ja, sie besitzen unsere ausgesprochene Zuneigung. Ihre Anmut, ihre Schönheit und Behendigkeit, der Wohlklang ihrer Stimmen und in vielen Verhaltensweisen auch eine gewisse Verwandtschaft zu uns wie beispielsweise die Brutpflege, ihre gegenseitige Umwerbung, ihre Ausdruckskraft für Freude, Angst, Zorn – machen uns die Vögel allesamt sympathisch.

In diesem Buch werden nur die Ordnungen bzw. Familien oder Arten erwähnt und einzeln beschrieben, die für den Hausgarten von besonderem Nutzen sind. Da es in Mitteleuropa noch sehr viel Wald gibt, wurden jedoch auch solche Vögel erwähnt, die von den Waldrändern her in die Gärten kommen. Das angegebene Verhältnis von Nutzen zu Schaden bezieht sich ausschließlich auf ihre Eigenschaften als Insektenfresser, also inwieweit sie durch ihre Nahrungsaufnahme unsere Gärten schädlingsfrei halten. Die Zahl dieser Insektenfresser ist bereits so groß, daß nur die wichtigsten Vertreter einzeln beschrieben werden können, sie stehen natürlich für ihre nicht behandelten Vettern mit ein.

Im »Taschenbuch für Vogelschutz« von Sebastian Pfeifer, Limpert-Verlag/Bad Homburg, zeigt eine interessante Tabelle, wie sich die Freßgewohnheiten einiger Vögel auf Schädlinge, Nützlinge und indifferente Arten der Insekten verteilen. Ihr Nahrungsbedürfnis, besonders während der Brut- und in der Herbstzeit, ist so groß, daß sie alles fressen, was sie nur verdauen können. Im fortgeschrittenen Jahr müssen sie sich eine Fettreserve zulegen, sei es für die Überwinterung, sei es für ihren Zug in den Süden. Dann kommt es vor, daß sonst vorwiegend insektenfressende Arten wie beispielsweise die große Familie der Drosseln auch Früchte und Beeren als Futter mit heranziehen, da sie die Kohlenhydrate dieser Nahrung unbedingt zum Aufbau ihrer Fettpolster benötigen.

In dieser Zeit werden sie für uns zu Schädlingen. Aber hiergegen kann man sich im Garten schützen, zum Beispiel mit Netzen.

Wovon ernähren sich Singvögel?	Schädlinge %	Nützlinge %	indifferente Arten %
Feldlerche	69	10	21
Baumpieper	69	10	21
Baumläufer	60	18	22
Kleiber	60	18	22
Kohlmeise	60	18	22
Blaumeise	60	18	22
Tannenmeise	77	12	11
Goldhähnchen	77	12	11
Neuntöter	69	10	21
Trauerschnäpper	70	22	8
Fitis	69	8	23
Gartengrasmücke	69	8	23
Mönchsgrasmücke	69	8	23
Singdrossel	37	17	46
Gartenrotschwanz	77	13	10
Rotkehlchen	43	8	49
Buntspecht	43	8	49
Ziegenmelker	88	–	12
Kuckuck	85	–	15

Wovon ernähren sich Eulen?	Schädlinge %	Nützlinge %	indifferente Arten %
Waldohreule	96,7	2,3	1,0
Steinkauz	88,0	3,3	8,7
Waldkauz	73,5	9,0	17,5
Schleiereule	71,6	24,7	3,7

Wovon ernähren sich Greifvögel?	Schädlinge %	Nützlinge %	indifferente Arten %
Turmfalke	94	4	2
Mäusebussard	86	5	9
Habicht	50	47	3
Sperber	45	45	10
Wespenbussard	85	5	10

Nach: Taschenbuch für Vogelschutz, von Sebastian Pfeifer, Limpert Verlag/Bad Homburg

Ein Gartenbesitzer sollte über die Vögel Bescheid wissen. Einzelheiten des Vogellebens, beginnend mit genauer Kenntnis der Eier und Eigelege, des Revierverhaltens, der Brautwerbung, des hochentwickelten Ehelebens, des Gefühlslebens mit Angst, Freude, Neugierde und Vorsicht sollte man in vogelkundlichen Fachbüchern studieren. Ein gutes Vogelbestimmungsbuch sollte in keiner Familie fehlen, macht es doch Spaß zu wissen, was wir im Winter füttern, welchen Vogel wir im Garten sehen. Hinweise auf solche Bücher sind im Anhang aufgeführt.
Da in einem – nicht mit Gift verseuchten – Garten die Vögel 40 bis 50% des Insektenschutzes übernehmen können, müssen wir wissen, wie wir sie an uns binden, sie bei uns halten können. Drei Dinge sind hierfür unerläßlich: Schaffung von Nistgelegenheiten, Vogeltränken und Möglichkeiten für die Winterfütterung.

Nistgelegenheiten

(Siehe Fotos Seite 114 und 125)

Grundsätzlich gilt: Jeder einzelne Vogel hat sein Revier. Es ist sinnlos, für die gleiche Art zahlreiche Nester aufzuhängen – sie werden von dieser Art nach der Reviergröße belegt werden, in die übrigen Nester gehen dann andere Vogelarten, vorzugsweise Spatzen.
Ferner ist festzustellen, daß niemals nur eine Vogelart den Garten schützen wird, sondern eine bunte Mischung vieler Arten richtig ist. Wir berücksichtigen daher bei der Auswahl der Nistgelegenheiten, daß mehrere Vogelarten im Garten leben sollen. Für rund 2000 m^2 Gartenfläche scheint dem Verfasser diese Verteilung ideal: Sechs Meisenhöhlen, davon drei speziell für Blaumeisen. Zwei bis drei Halbhöhlen, die von Gartenrotschwanz, Rotkehlchen, Bachstelze usw. bevorzugt werden. Bei reichem Baumbestand kommen zusätzlich noch

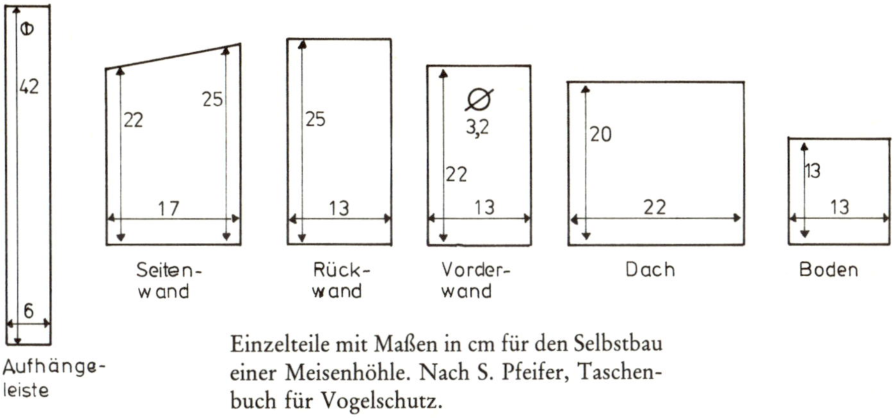

Einzelteile mit Maßen in cm für den Selbstbau einer Meisenhöhle. Nach S. Pfeifer, Taschenbuch für Vogelschutz.

zwei Baumläuferhöhlen und – schon wegen des Gesanges – eine Starenhöhle. Ist ein großer Garten vorhanden und besteht Mäuseplage – gleich ob Feld- oder Wühlmaus – so sollte versucht werden, auch Nistgelegenheit für Eulen zu schaffen. Liegt das Haus am Stadtrand oder in einem Dorf und hat es schöne Dachüberhänge, so werden darunter Nester für Mauersegler und Schwalben angebracht. Hier können es ruhig vier bis fünf Stück sein, die recht dicht beieinander hängen dürfen. Schwalbe und Mensch – seit mehr als zweitausend Jahren leben sie zusammen unter einem Dach. Ein Schwalbenpärchen am Haus – das bedeutet Glück!

Alle Höhlen oder Nester sind in Gartenfachgeschäften, zoologischen Handlungen oder in Kaufhäusern fertig zu kaufen. Der Verfasser empfiehlt dies. Es sind erprobte Nistgelegenheiten, sie sind preiswert und besitzen den ganz besonderen Vorzug, daß sie geöffnet werden können zur Reinigung und zum Nachschauen, ob vielleicht tote Junge drin sind und – besonders wichtig – ob sich nicht Spatzen angesiedelt haben. Bei fertig gekauften Höhlen braucht man sich um Fluglochgröße, ob Sitzstange oder nicht, Größe und Tiefe usw. nicht zu kümmern, hier ist alles erprobt.

Werden dagegen Höhlen selber gebaut, und ein Bastler wird dies natürlich tun, so gibt es klare Regeln: Nur Vollholz nehmen, also kein Sperrholz und keinen Kunststoff. Nur ungehobeltes, also sägerauhes Holz verwenden, damit die Vögel auch innen Halt finden. Auf Imprägnierung sollte verzichtet werden, denn die meisten Imprägniermittel enthalten langsam verdunstende Insektizide, die auch den Vögeln schädlich sind. Das Dach wird nur lackiert und anschließend mit trockenem Sand bestreut. Keine Teerpappe aufnageln, eventuell Eternitschiefer auflegen.

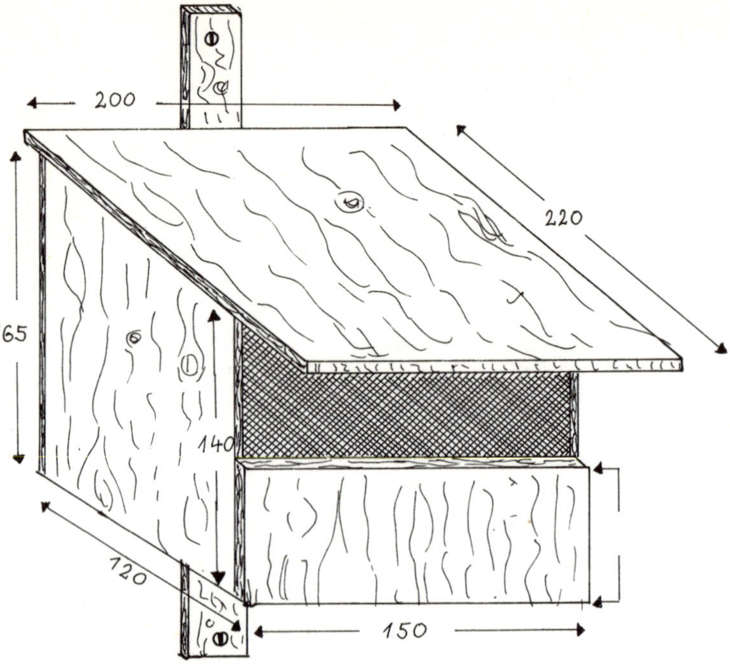

Halbhöhle für Rotkehlchen, Gartenrotschwanz, Grauschnäpper, Bachstelze usw. Maße in mm. Nach S. Pfeifer, Taschenbuch für Vogelschutz.

Sind die Holzteile zugeschnitten – auch das Flugloch – so werden Vorder- und Rückwand an den Boden genagelt, anschließend die Seitenwände und das Dach befestigt. Das Dach schraubt man auf, damit es zur Reinigung und Kontrolle abgenommen werden kann. Diese Höhle wird von Meisen, aber auch von Rotschwänzchen, Schnäpperarten, ja sogar vom Kleiber aufgesucht. Halbhöhlen werden ähnlich gemacht, nur daß die Vorderwand kein Flugloch hat und, von unten gesehen, die Höhle nur ca. 60% bedeckt.

Ob man Höhlen gekauft oder selber gebastelt hat, angebracht werden sie stets Ende September bis Anfang November, damit die überwinternden Vögel sie schon vor der rauhesten Jahreszeit benutzen können und in ihnen heimisch werden. Das Flugloch liegt stets der Wetterseite abgewandt, also bevorzugt nach Osten oder Süden. Wird die Höhle an einem schräg stehenden Baum oder einem Ast angebracht, dann stets so, daß das Flugloch etwas nach unten zeigt.

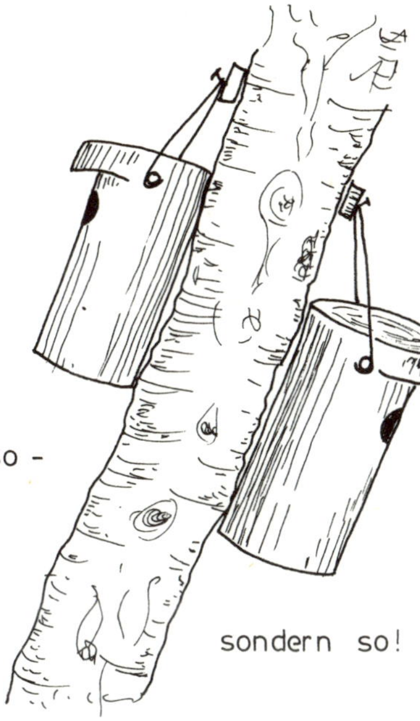

Nisthöhle am schrägen Stamm.

Sperlingseier haben eine weißliche Grundfarbe und unregelmäßige, dunkelbraune bis braun-schwarze, dichte Zeichnung. Höhleninneres und Eier sehen »unordentlich« aus.

Was tun wir noch, um Nist- oder Brutgelegenheiten zu schaffen? Alle dichten und vor allen Dingen hohen Hecken, besonders Hainbuchen, sind ideal. Genausogut eignet sich aber auch dichtes, hohes Strauchwerk. Das Merkmal »hoch« ist wichtig, denn die Vögel brüten am liebsten in einer Höhe von 1,50 m bis 2 m über dem Boden. Natürlich müssen Hecke oder Sträucher mit ihrem Astwerk so angelegt sein, daß auch

Nistquirl, auch Bubiköpfchen genannt, im Inneren des Busches gebildet, durch kräftigen Draht gehalten und mit Gras ausgestopft, mindestens 1,50 m über dem Boden.

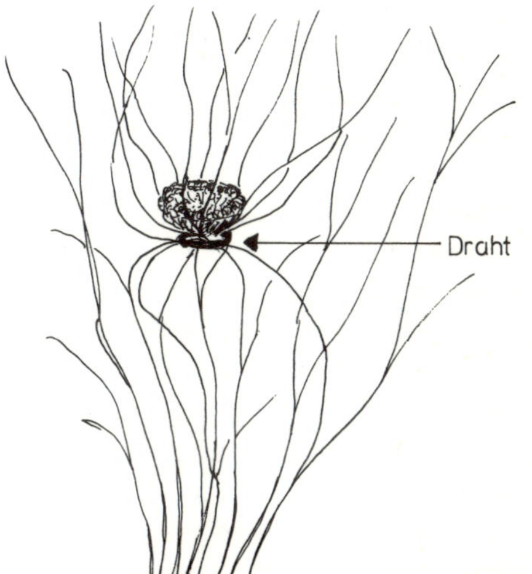

Stets werden die Höhlen in einer Höhe aufgehängt, die Raubzeug, vor allem Katzen, den Zugang erschwert oder sogar unmöglich macht, d.h. mindestens 3 m hoch. Eine Starenhöhle sitzt immer ganz hoch oben in der Baumspitze. Sind Katzen in der Nachbarschaft, so wird um die Baumstämme in ca. 1,50 m bis 2 m Höhe ein Stachelabweiser angebracht, der das Hinaufklettern am Stamm unmöglich macht.

Wenn Spatzen eine Höhle besetzt haben, so wird diese um den 20. Mai, anschließend noch einmal um den 20. Juni herum einer Kontrolle unterzogen und ein etwaiges Eigelege ausgeräumt.

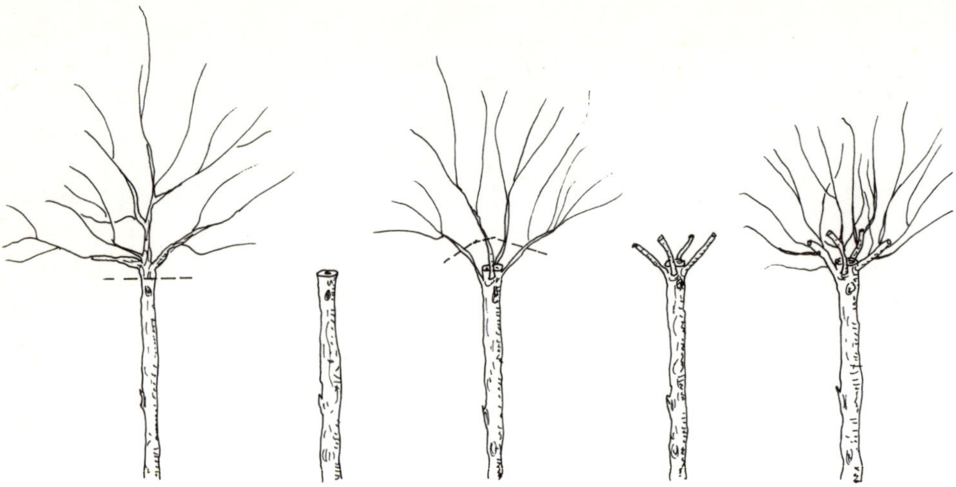

Nester eingebaut werden können. Ist dies nicht der Fall, so binden wir einige Ästchen quirlig zusammen, so wie es die Skizze auf Seite 79 zeigt.

In der nächsten Skizze wird das Schneiden von Nistquirlen an jungen Bäumchen dargestellt. Besonders geeignet für solche Nistquirle sind einzelstehende Hainbuchen, aber auch Weiß- und Rotdorngewächse.

Beliebt sind auch die sogenannten Nisttaschen, die man bevorzugt aus Ginster herstellt und an Baumstämmen anbringt. Auch hier gibt eine Skizze Auskunft. Statt Ginster kann man auch Fichten- oder Kiefernzweige verwenden; in diesem Fall klappt man das Büschelende nicht um, sondern schafft durch kräftiges Anbinden und Wegdrücken der Äste vom Baumstamm eine Tasche.

Oben: Nistquirl-Schnitt aus einer Hainbuche, Höhe ab 1,50 m über dem Boden. Nach S. Pfeifer, Taschenbuch für Vogelschutz.

Rechte Seite:
Larve eines Nützlings räumt in einer Blattlauskolonie auf. Auch der Marienkäfer macht ein Larvenstadium durch.

Seite 82:
30 Rauchschwalbe – *Hirundo rustica.*
31 Feldlerche – *Alauda arvensis.*
32 Bachstelze – *Motacilla cinerea.*

Seite 83:
33 Heckenbraunelle – *Prunella modularis.*
34 Zaunkönig – *Troglodytes troglodytes.*
35 Feldschwirl – *Locustella naevia.*
36 Raubwürger – *Lanius excubitor.*

31

30

32

33

34

35

36

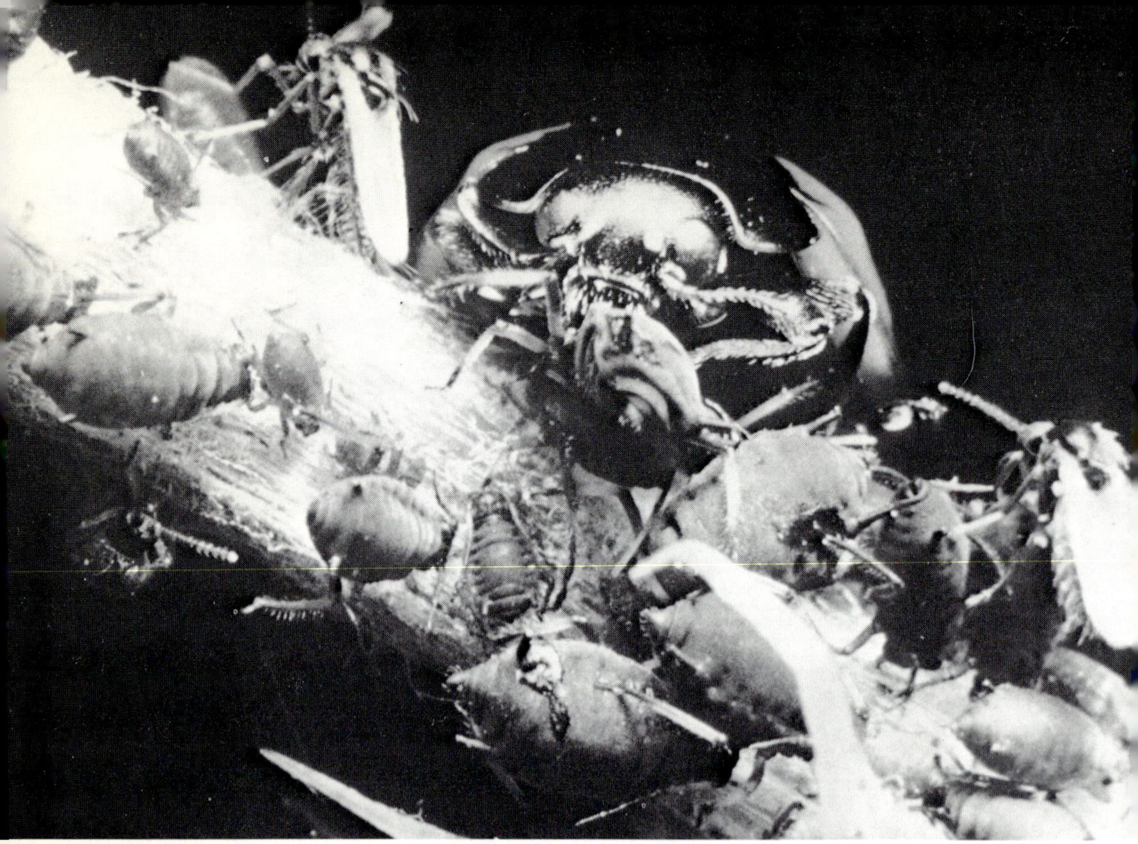

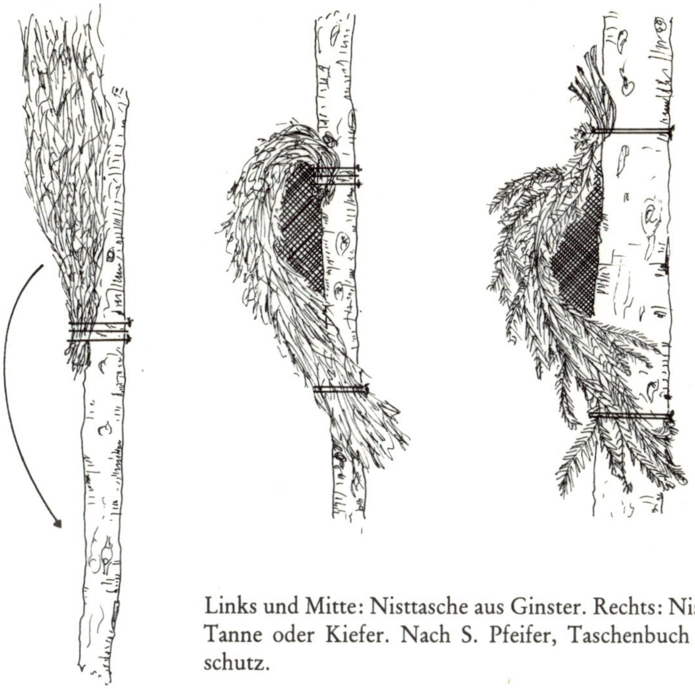

Links und Mitte: Nisttasche aus Ginster. Rechts: Nisttasche aus Tanne oder Kiefer. Nach S. Pfeifer, Taschenbuch für Vogelschutz.

Man sieht also, es gibt viele Möglichkeiten, den Nutzvögeln im Garten Aufenthalts- und Nistplätze zu schaffen.

Mehr noch als die Giftspritzerei sind es die um sich greifende Verbauung, das Ausräumen kranken Holzes in Gärten, Parks und Wäldern, das Zunageln kleiner Schlupfwinkel, was die Vögel vertreibt. Hier müssen wir in unseren Gärten Abhilfe schaffen und es den Forstverwaltungen gleichtun, die in den letzten Jahrzehnten mit großem Kostenaufwand ungezählte Nisthöhlen in den Wäldern angebracht haben und erstaunliche Erfolge in der Schädlingsbekämpfung damit erzielten.

Oben: Marienkäfer *(Coccinella septempunctata)* in einer Blattlausherde. – Unten: Larven der Kohlweißlingsbrackwespe *(Apanteles glomeratus).*

Vogeltränken

Nur wenige Vogelarten benötigen kein Wasser, ihnen genügen die Feuchtigkeit in ihrer Nahrung, die Tautropfen am Morgen, der Regen. Die meisten aber brauchen und suchen eine Wasserstelle. Hinzu kommt, daß Vögel im allgemeinen reinliche Tiere sind und gerne ein Bad nehmen. Ist im Garten keine natürliche Wasserquelle – wer hat das schon? –, so sollten einige Becken aufgestellt

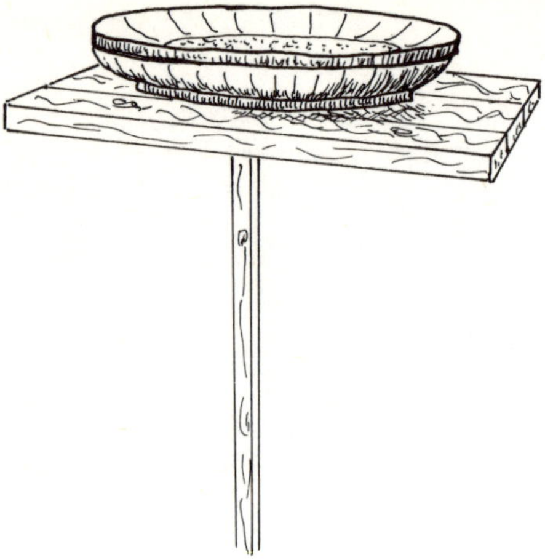

Als Vogeltränke dient eine *flache* Schüssel, 2 bis 3 cm mit Wasser gefüllt, auf einem 1,50 m hohen Pfahl angebracht.

werden, um die Vögel auch an den Garten zu binden.
Aufgestellt werden diese Tränken entweder auf einem Pfahl ca. 1,50 m hoch oder ebenerdig im Rasen, oder an Beeten. Der Platz ist so zu wählen, daß die Vögel sich vor Feinden in Sicherheit bringen können (*siehe Foto auf Seite 104*). Die Tränken dürfen deshalb nicht *unter* einem Gebüsch stehen, der Vogel muß seine nähere Umgebung sehen und notfalls in ein nahes Gebüsch fliehen können. Die Ränder der Becken – seien es nun Tonschalen oder selber aus Zement gebaut – müssen immer *flach* sein und das Beckeninnere darf nicht tiefer als 5 bis 10 cm sein. Im Becken liegen einige Steine, auf denen die Vögel sitzen können. Das Wasser ist stets sauber; es wird immer wieder nachgefüllt und öfter erneuert.

Bei den Becken genügt bereits ein Durchmesser von ca. 40 cm. Unregelmäßige Randformen werden von Vögeln lieber angenommen als kreisrunde oder eckige. Mit einem kleinen Teich im Garten, am Rande des schon oft geforderten Biotopes, also eines sich selbst überlassenen Gartenteiles, sind natürlich alle Probleme gelöst. Aber auch hier sei noch einmal darauf hingewiesen: Die Ufer müssen flach sein, und zwar so flach, daß auch kleine Vögel im Wasser noch stehen können. Sie benötigen eine kleine Zone mit höchstens 2 bis 3 cm Wassertiefe.

Vogelfütterung

Über die Winterfütterung, die ab Ende November einsetzen muß, also dann, wenn Insekten nur noch schwer zu finden und alle Beeren abgefallen sind, soll hier nicht ausführlich berichtet werden. Geeignetes Winterfutter für die verschiedensten Vogelarten gibt es zu kaufen, oder man mischt es sich viel preiswerter selber. Die meisten Nützlinge begnügen sich mit Talg und Körnerfutter. Brot darf nicht gegeben werden. Sofern Eulen in der Nähe heimisch sind, muß auch kleingehacktes Fleisch bereitgestellt werden. Besonders gilt dies, wenn Schnee die Erde bedeckt.
Der Futterplatz ist für die Vögel da und erst in zweiter Linie zur persönlichen Freude. Man legt ihn deshalb so an, daß besonders die scheuen Vögel nicht durch Menschen oder Raubzeug gestört

werden können, er aber auch bei Schnee gut erreichbar ist. Am zweckmäßigsten ist hier selbstverständlich ein hochstehendes Futterhäuschen, aufgehängt an einem Zweig oder aufgestellt auf einer Stange, mindestens 1,50 m über dem Boden (*siehe Foto auf Seite 104*).

Für die Meisen hängen wir recht viele Meisenringe oder Knödel auf, wenn auch, wie seit einigen Jahren beobachtet, sogar Spatzen, Gelbfinken, andere Finken, Dompfaffen usw. daran gehen. Aber die wollen ja auch heil über den Winter kommen.

Kein Garten ist so klein, daß nicht natürliches Vogelfutter angebaut werden könnte. Ein Holunderstrauch, ein Ebereschenbäumchen, das ist es, was die Vögel brauchen. Finden sie hier Nahrung, werden sie auch weniger die Beete heimsuchen. Natürlich dürfen die Beeren im Herbst nicht abgeerntet werden. Ebenso läßt man im Apfelbaum stets einige Früchte hängen, die dann im Winter zu Boden fallen und als willkommene Abwechslung angenommen werden.

Es ist im Grunde also recht leicht, Vögel durch Futterauswahl herzulocken und im Garten zu halten. Etwas mitdenken, sich auf sie einstellen – das ist alles.

So weit die allgemeinen Ratschläge. Die nachfolgenden Einzelbeschreibungen gliedern sich nach der heute üblichen zoologischen Einteilung. Diese kennt *Ordnungen,* innerhalb derer gibt es *Familien,* dann kommen die *Gattungen,* während die sich sehr ähnlichen Vögel nach *Arten* benannt sind. Aufgeführt sind nur solche Ordnungen bzw. Familien und Arten, die in unserem mitteleuropäischen Raum eine besondere Bedeutung als Nützlinge erlangt haben.

Seltene Gartennützlinge

Ordnung:
Greifvögel – *Falconiformes*
Familie: Geier, Adler, Bussarde – *Accipitridae*
Art: Mäusebussard – *Buteo buteo*
N:S = 70:30 +++ und
Familie: Falken – *Falconidae*
Art: Turmfalke – *Falco tinnunculus*
N:S = 80:20 +++
(*Siehe Farbbild 22 auf Seite 51*)

Aus der Ordnung der Greifvögel können wir für den Garten keinesfalls alle als Nützlinge ansehen, fressen sie doch vielfach auch andere, kleinere Vögel. Aber zwei Arten sind für uns interessant. Es sind der Mäusebussard und der Turmfalke. Beide ernähren sich hauptsächlich von Mäusen aller Art. Leben sie vorwiegend auf freiem Land, so kommen sie doch im Winter aus Hunger auch in die Gärten am Rande der Ortschaften oder Städte. Ist dies der Fall, so sollten wir durch Auslegen von Fleischfutter – kleine Fleischbrocken – die Vögel an unseren Garten gewöhnen, sie werden dann auch im Sommer dort nach Nahrung jagen. Auf eine besondere Beschreibung dieser beiden Vogelarten wird verzichtet; ihr Einsatz als Gartennützling ist zu selten.

Jagdbare Nützlinge

Ordnung: Hühnervögel – *Galliformes*

Familie: Feldhühner – *Phasianidae*
Art: Rebhuhn – *Perdix-perdix*
N:S = 70:30 ++ und
Art: Fasan – *Phasianus colchicus*
N:S = 60:40 +
(Siehe Farbbilder 21 und 24 auf Seite 51)

Auf dem freien Feld und so auch in Gärten an Ortsrändern können – entgegen üblicher Meinung – Rebhuhn und Fasan durchaus nützlich sein, denn sie ernähren sich in der Sommerzeit vorwiegend von Insekten, Weichtieren und Würmern. Besonders trifft das auf die Rebhuhnjungen zu, die in den ersten Lebenswochen ausschließlich diese Nahrung zu sich nehmen.

Schutz oder Pflege können wir diesen Vögeln nicht angedeihen lassen; im Gegenteil, es sind ja jagdbare Tiere. Nur vertreiben brauchen wir sie auch nicht, sollten sie sich einmal in unseren Garten verirrt haben. Freuen wir uns eher darüber, daß es diese beiden Wildvogelarten noch in relativ großer Menge bei uns zu sehen gibt.

Nächtliche Mäusejäger

Ordnung: Eulenvögel – *Strigiformes*

Familie: Schleiereulen – *Tytonidae*
N:S = 70:30 ++ und
Familie: Eulen – *Strigidae*
Art: Waldohreule – *Asio otus*
N:S = 80:20 +++
(Siehe Farbbild 23 auf Seite 51)
Art: Steinkauz – *Athene noctua*
N:S = 80:20 +++
Art: Waldkauz – *Strix aluco*
N:S = 60:40 +

Alle Vögel der Ordnung Eulen sind im höchsten Maße für uns nützlich. Sie stehen deshalb in ganz Europa unter Schutz. Da es sich aber vorwiegend um Waldvögel handelt, sind nur die vier genannten Arten für uns interessant, da sie auch in der Nähe menschlicher Behausungen siedeln, vorausgesetzt, sie haben tagsüber die nötige Ruhe und ihnen zusagende Schlupflöcher.

Eulen sind Nachtjagdvögel, und besonders die hier genannten haben sich dabei auf Mäuse, die Waldohreule sogar auf Wühlmäuse spezialisiert. Andere Eulenarten und leider auch der Waldkauz fressen dagegen auch andere kleine Vögel, sofern sie sie erreichen.

Nach jahrelangem Niedergang aller Eulenarten, hervorgerufen durch einen immer größer werdenden Mangel an Nistgelegenheiten und natürlich auch durch Überjagung, scheint sich diese Tierordnung langsam wieder zu erholen. Befindet sich der Garten in Waldnähe, in einem sehr kleinen Ort oder außerhalb eines Ortsgebietes, so sollte man in jedem Fall die nächstgelegene Försterei anrufen und fragen, ob in der Region wieder Eulen ansässig geworden sind. Man wird sicher Auskunft erhalten und auch Ratschläge bekommen. Ist die Auskunft positiv und wird gar noch ein altes, hohes Haus bewohnt oder befinden sich Scheunen, allein stehende Hütten in der Nachbarschaft, so werden unbedingt Nester aufgehängt oder Zutritt zu Dachgiebeln und Speichern verschafft *(siehe Foto auf Seite 124)*. Eulen sind Standvögel, sie bleiben also auch im Winter ortsansässig, müssen aber während langer Schneeperioden mit rohen Fleischstückchen versorgt werden, damit sie keine Not leiden.

Gelingt es, Eulen im Garten oder in dessen Nähe ansässig zu machen, so kann die Feldmaus-, aber auch die Wühlmausplage vergessen werden.

In diesem Fall ist es zu empfehlen, sich in der Buchhandlung Spezialliteratur über Eulen nennen zu lassen, denn die Beobachtung dieser interessanten Tiere, die natürlich gute Kenntnisse voraussetzt, ist wirklich lohnend.

Brutparasit – aber nützlich

Ordnung:
Kuckucksvögel – *Cuculiformes*
N:S = 80:20 +++
(Siehe Farbbild 25 auf Seite 61)

Der Kuckuck legt bekanntlich seine Eier in Nester fremder, insektenfressender Vögel; der sich dort entwickelnde junge Kuckuck wirft dann die Jungen der Bruteltern regelmäßig aus dem Nest. Sieht man einmal von seiner merkwürdigen Brutgewohnheit ab, so ist der erwachsene Kuckuck unbedingt als Nützling anzusehen, da seine Nahrung aus Insekten besteht, die von anderen Vogelarten nur wenig vertilgt werden. Man erkennt ihn an seinem melodischen Kuckucksruf, weniger bekannt ist sein kicherartiger Ruf: »quick-quick-quick-quick«.

Das Männchen ist grau, das Weibchen braun bis rotbraun gefärbt, beide mit markanter, auffällig gestreifter Brust- und Bauchseite, braun auf hellem Grund. Der Kuckuck lebt in Wäldern, im Parkland, aber auch in Baumgruppen, und besucht selbstverständlich unsere Gärten. Er ist ein Zugvogel, man trifft ihn in ganz Europa an. Sein Flug ist flatterartig mit flachen, hastigen Flügelschlägen. Seine Größe entspricht der kleiner Taubenarten.

Spezialist für Maulwurfsgrillen

Ordnung:
Ziegenmelker – *Caprimulgiformes*
N:S = 80:20 +++
Ordnung:
Rackenvögel – *Coraciiformes*
N:S = 80:20

Zwei Vertreter dieser Ordnungen seien hier genannt. Der Ziegenmelker – *Caprimulgus europaeus (siehe Farbbild 27 auf Seite 61)*, ein amselgroßer Vogel mit auffällig gestreiftem Federkleid und sehr langen, schmalen Flügeln. Ein ausgesprochener Nachtjäger, der die nachts fliegenden Insekten und hier insbesondere viele Schmetterlingsarten jagt.

Der Wiedehopf – *Upupa epops (siehe Farbbild 26 auf Seite 61)*, auch ein etwa amselgroßes Tier mit typischer orangebrauner Färbung und sehr schönen

Schwarzweißzeichnungen auf den Flügeln und am Schwanz, ist mit den Rakken und Eisvögeln verwandt. Er lebt ebenfalls von Insekten und hat sich hier noch ganz besonders auf die schädlichen Maulwurfsgrillen spezialisiert.

Beide Vogelarten sind jedoch recht selten geworden; entdeckt man sie, so gehören sie unbedingt geschützt, und sie dürfen in ihrem Brutgeschäft nicht gestört werden.

Der Ziegenmelker lebt am Rand von Nadelwäldern, auch auf offenen Heideflächen. Der Wiedehopf bevorzugt dagegen Viehweiden oder Wiesen mit Einzelbäumen. Sein Nest findet man aber auch in Stein- oder Reisighaufen, in Mauerhöhlen wie auch in Baumhöhlen. Da alle diese Brutstätten immer seltener werden, hat es dieser schöne Vogel schwer, sich fortzupflanzen.

Mit Schwalben verwechselt

Ordnung:
Seglervögel – *Apodiformes*
Familie: Segler – *Apodidae*
Art: Mauersegler – *Apus-apus*
N:S = 90:10 +++
(Siehe Farbbild 28 auf Seite 71)

Dieser in ganz Europa heimische Vogel wird meist mit unseren Schwalben verwechselt. Wie sie, brütet er ebenfalls gerne in menschlichen Siedlungen, ist mit seiner Art gesellig, fliegt und jagt gemeinsam. Auffällig ist sein schneller Schwirrflug, wobei er gern um hochstehende Gebäude, um Kirchtürme, große Bäume usw. »segelt«. Sein Federkleid ist nicht ganz so hübsch wie das der Schwalbe, es ist mehr braun mit weißen Flecken besetzt, er hat also nicht den weißen Schwalbenleib. Seine Flügel sind schmal und schlank, er ist ein außergewöhnlich geschickter Flieger.

Am liebsten werden die Nester auf alten Dachböden, in dunklen Ecken, angelegt. Ist so etwas im eigenen Haus vorhanden oder steht ein Bauernhof mit hohem Dach und großem Dachboden in der Nähe, so sollte man den Mauerseglern im Dachboden Zutritt verschaffen; sie werden es durch eifrige Insektenjagd danken.

Bedingt nützlich

Ordnung:
Spechtvögel – *Piciformes*
Familie: Spechte – *Picidae*
N:S = 60:40 +

Die Ordnung der Spechte ist in ihrer Lebensweise interessant. Spechtvögel werden von uns allgemein als Nützlinge angesehen; das stimmt aber nur sehr bedingt. Die meisten Arten fressen nämlich neben Insekten auch Beeren, Nüsse, Obst, und leben ganz besonders gerne von Ameisen. Diese aber sind, wie wir wissen, Nützlinge. Auch der Forstmann liebt das Hämmern der Spechte an den Bäumen durchaus nicht. Lediglich der Schwarzspecht – *Dryocopus martius (siehe Farbbild 29 auf Seite 71)*, der Buntspecht – *Dendrocopos major*, wie auch der ähnlich aussehende Mittelspecht – *Dendrocopos medius*,

können, da sie holzbewohnende Käfer fressen, als Nützlinge angesehen werden.
Alle drei Arten finden wir auch häufig in den Gärten, wo sie versuchen, aus alten Apfel- und Birnbäumen, besonders wenn diese schon abgestorbene Äste besitzen, ihre Nahrung herauszuholen. Wir lassen sie selbstverständlich gewähren.

Nützliche Gartenvögel

Ordnung:
Sperlingsvögel – *Passeriformes*

Enthielten die bis jetzt beschriebenen Vogelordnungen nur zum Teil Familien bzw. Arten mit ausgesprochenen Nützlingen für unsere Gärten, so kommen wir nun zu einer Vogelordnung, die wir im eigentlichen Sinne als nützliche Gartenvögel betrachten. Hier sind sie alle vereint, die Lerchen, Schwalben, Zaunkönige, die Goldhähnchen, Fliegenschnäpper, Meisen usw. Sie sind es, die unsere Gärten bevölkern und zu einem hohen Teil dabei als Nahrungsmittel Insekten vertilgen. Wollte man sie alle nennen und ausführlich beschreiben, so würde aus diesem Nützlingsbuch vorwiegend ein Vogelbuch. Nur die besonders nützlichen Arten dieser Ordnung, und auch nur, soweit sie in unseren Gärten heimisch geworden sind, werden deshalb aufgeführt.
Die Anpassungsfähigkeit dieser Vogelordnung an geänderte Lebensräume und Umweltverhältnisse ist enorm. In alten Ausgaben des berühmten »Brehm« werden beispielsweise die Drossel und die Amsel noch als »scheue Waldvögel« beschrieben. Und heute? Völlig furchtlos vor Menschen, sind sie sogar ohne weiteres bereit, sich von uns zähmen zu lassen, wenn nur regelmäßig der Frühstückstisch gedeckt wird.
Und die Meisen? Sie waren früher reine Waldvögel und haben jetzt ebenfalls die Furcht vor den Menschen abgelegt. Läßt man im Winter ein Fenster offen, so fliegen sie ungeniert auch ins Zimmer und auf den Frühstückstisch. Aus London wird berichtet, daß eine Meisenart sich darauf spezialisiert hat, die Aluminiumfolie von den Milchflaschen, die morgens vor den Türen stehen, aufzuhacken, um sich dann an der Milch zu laben.
Freuen wir uns darüber, daß gerade bei dieser Vogelordnung das Verhältnis vom Tier zum Menschen sich so positiv entwickelte und helfen wir mit, diese Nützlinge zu hegen, zu schützen. Dazu gehört in erster Linie die Winterfütterung, aber auch die Erhaltung ihres Nahrungsangebotes im Sommer. Wie schon so oft in diesem Buch betont: Spritzen wir unseren Garten mit Giften schädlingsfrei – wovon sollen dann diese Vögel leben? Sie brauchen doch Futter für sich, für ihre Brut!

Familie: Lerchen – *Alaudidae*
N:S = 50:50 +
(Siehe Farbbild 31 auf Seite 82)

Sie sind in Gärten selten, denn sie lieben

Wiesen, Weiden, weite Flächen. In den Flußauen findet man sie noch häufig und kann ihrem wunderschönen Gesang lauschen. Wir können sie allerdings nur teilweise als Nützlinge einstufen; neben Insekten fressen sie auch recht viel Sämereien oder grüne Pflanzenteile.

Familie: Schwalben – *Hirundinidae*
N:S = 90:10 +++
(Siehe Farbbild 30 auf Seite 82)

Wer kennt sie nicht, die Rauchschwalben, Mehlschwalben, Felsenschwalben, Uferschwalben? Die beiden erstgenannten sind heimisch geworden an unseren Häusern und leben seit Tausenden von Jahren in enger Gemeinschaft mit den Menschen. Ihr Aussehen variiert von schwarz- bis braun-weiß; stets haben sie einen weißen Leib, auch die Kopfpartie ist unterseits weiß gefärbt. Sie sind eifrige Insektenjäger und halten dort, wo sie wohnen, die Umgebung, aber auch Scheunen und Ställe, weitgehend frei von Schädlingen. Sie leben stets in Gemeinschaft, verlassen uns aber im Herbst, um in klimatisch wärmeren Gegenden zu überwintern. Die Eltern wie aber auch ihre Brut finden im Frühling jedoch zielsicher ihre Heimstatt wieder, und man merkt ihnen direkt ihre Freude an, die Wohnung des vergangenen Jahres wieder beziehen zu können.
Wird ein eigenes Haus bewohnt und hat dieses ein weit überhängendes Dach, einen großen Giebel, so sollten dort Schwalbennester, die in jeder Gartenhandlung erhältlich sind, angebracht werden. 3 m über dem Erdboden angebracht, werden sie gerne angenommen. Meistens dauert es nicht lange, und weitere Schwalbenpaare kommen, um sich dann selber ein Nest zu bauen. Süd- und Ostseiten der Häuser werden für die Nester bevorzugt, Westseiten gemieden.
Besonders gerne werden auch Gartenhäuser besiedelt. Hier nisten sie sogar *in* den Häusern, wenn sie stets freien Zugang haben.

Familie: Stelzen – *Motacillidae*
N:S = 90:10 +++

»Stelze zu dem Jüngling spricht, Waden haben wir beide nicht.« Wir alle kennen sie, die dünn- und langbeinige Familie der Stelzen. Bei uns besonders häufig sind die Schafsstelze – *Motacilla flava*, die Bachstelze – *Motacilla alba (siehe Farbbild 32 auf Seite 82)* und die vielen

37 Zwergschnäpper – *Ficedula parva.*
38 Gartengrasmücke – *Sylvia borin.*
39 Braunkehlchen – *Saxiola rubetrea.*
40 Sommergoldhähnchen – *Regulus ignicapillus.*

37

38

39

40

Pieper-Arten. Beide erstgenannten Arten sind mit hübscher gelber Leibesfarbe und schwarzweißem Rückenkleid, die anderen Arten mehr mit weißem oder hellbraunem Leib, schwarzweißem oder auch braunem Gefieder ausgestattet. Eine Stelze läuft trippelartig-flink; beim Stehen knickt sie immer wieder im Kniegelenk ein und wippt dabei kräftig mit dem Schwanz. Ihr Flug ist flatterhaft, oft nur kurz aufsteigend, wobei sie fast stets ein Insekt erbeutet.

Die gesamte Familie lebt ausschließlich von Insekten, vornehmlich Fluginsekten, bis hin zu allerkleinsten Schädlingen. Nur teilweise sind sie Zugvögel, manche Arten bleiben auch über den Winter in unseren Breitengraden – sie müssen in jedem Falle mitgefüttert werden.

Ihre Nester legen die Stelzen vorwiegend unter Büschen auf dem flachen Boden an; sie sind daher durch herumstreunende Katzen sehr gefährdet. Wer Stelzen im Garten hat, muß Katzen aus ihm fernhalten.

In sterilen, mit Gift behandelten Gärten können auch die Nützlinge nicht überleben. Oben: Schwebfliegenlarve in einer Blattlauskolonie. Unten: Blattlausschlupfwespe *(Diderετus rapae)*.

Familie: Würger – ***Laniidae***
N:S = 80:20 +++
(Siehe Farbbild 36 auf Seite 83)

Es sind dompfaffähnliche, etwa amselgroße Tiere, hellgrau mit schwarzer, kräftiger Zeichnung. Würger sind kenntlich an ihrer hakenförmig gebogenen oberen Schnabelspitze. Sie sind nur teilweise Zugvögel, immer mehr überwintern sie auch bei uns. Ihre Nahrung besteht aus Insekten, aber auch vereinzelt aus kleinen Wirbeltieren. Sie nisten gerne in dornenreichen Hecken, z.B. im Rotdorn oder Weißdorn, denn dort fühlen sie sich vor größeren Vögeln oder räuberischen Katzen sicher.

Familie: Zaunkönige – ***Troglodytidae***
N:S = 95:5 +++
(Siehe Farbbild 34 auf Seite 83)

Es sind Winzlinge, braun, mit kurzem hochgerecktem Stümmelschwänzchen, die besonders unter Gebüschen und im Gestrüpp hin und her huschen. Sie lieben das Unterholz. Zaunkönige sind hervorragende Sänger mit reicher Lautartikulation. Sie leben ausschließlich von Insekten.

Familie: Braunellen – ***Prunellidae***
N:S = 70:30 +++

Ein wenig größer als der Zaunkönig, aber mit genauso unscheinbarem bräunlichem Gefieder und ähnlicher Zeichnung, zeigt sich die Heckenbraunelle – *Prunella modularis (siehe Farb-*

bild 33 auf Seite 83). Sie wird oft mit dem Spatzen verwechselt. Früher als reiner Waldvogel bekannt, kommt sie, besonders wenn die Gärten an Waldrändern liegen, heute auch gerne bis an die Häuser heran, sofern sie dort Nahrung findet. Die Braunellen sind Zugvögel, sie leben im Sommer vorwiegend von Insekten. Das Nest wird im Dikkicht, im Unterholz, nur wenig über dem Boden angelegt. Es wird vorwiegend mit Moos weich ausgepolstert.

Familie: Grasmücken – *Sylviidae*
N:S = 90:10 +++

Besonders der kleine Feldschwirl – *Locustella naevia (siehe Farbbild 35 auf Seite 83),* der sich gerne in Feuchtgebieten aufhält und kleiner als ein Spatz ist, dient uns als eifriger Insektenjäger, besonders wenn wir in Nähe von Bächen, Tümpeln oder Weihern wohnen. Er ist ein unscheinbares Vögelchen, wird auch oft mit Stelzen verwechselt. Sein Nest befindet sich am Boden, im dichten, hochstehenden Gras, im Unterholz usw. In einem Gartenbiotop, zumal wenn noch ein Teich vorhanden ist, findet er ein gutes Unterkommen.

Etwas häufiger verbreitet sind:

Gartengrasmücke – *Sylvia borin*
N:S = 60:40 ++
(Siehe Farbbild 38 auf Seite 93)

Mönchsgrasmücke – *Sylvia atricapilla*
N:S = 60:40 ++

Die Gartengrasmücke ist unscheinbar, wird oft mit einem Spatzen verwechselt und lebt gerne im Buschwerk, etwa von Parkanlagen, aber auch an Flußufern. Ihr Federkleid ist schlicht, graubraun mit einem etwas hellerem Unterleib.

Die Mönchsgrasmücke dagegen zeigt bei ähnlicher Farbgebung immer eine charakteristische Kopfplatte von brauner bzw. schwarzer Färbung. Sie lebt gerne in Parks und Gärten mit viel Baumbestand, wo sie eifrig Insekten jagt.

Die Familie der Grasmücken ist recht groß, so daß hier nur einige ausgesuchte Vertreter erwähnt werden konnten. Allesamt sind sie für uns Nützlinge.

Familie: Goldhähnchen – *Regulidae*
N:S = 80:20 +++

Sowohl das Wintergoldhähnchen – *Regulus-regulus* als auch das Sommergoldhähnchen – *Regulus ignicapillus (siehe Farbbild 40 auf Seite 93)* sind winzige, quicklebendige Vögelchen. Die Farbe ist grünlich-oliv, sie tragen einen bunten Kopfputz. Leben sie am liebsten in Nadelholzwäldern, so findet man sie aber auch recht oft bereits in den Gärten, besonders wenn diese Nadelholzbestand haben. Hier fressen sie alle Arten von Insekten, Käfern, Spinnen usw. Ihr Nest befindet sich mitten in den Zweigen, teilweise regelrecht aufgehängt und weich aus Moosflechten und Gräsern hergestellt.

Familie:
Fliegenschnäpper – *Muscicapidae*
N:S = 80:20 +++
(Siehe Farbbild 37 auf Seite 93)

Speziell der kleine Grauschnäpper – *Muscicapa striata* ist sicherlich bekannt. Auch er wird oft mit dem Spatzen verwechselt, sieht er ihm doch zu ähnlich. Seine Zeichnung ist allerdings etwas unauffälliger, nicht so stark ausgeprägt, der Leib ist gegenüber Spatzen mehr weißlich mit hellgrauen bis braunen Längsstrichen versehen.
Sein Verhalten ist typisch: Er sitzt in Zweigen, auf Gittern, Zäunen usw., fliegt plötzlich in die Höhe, um Insekten zu fangen, kehrt dann wieder an seinen Ausgangspunkt zurück. Es ist ein unauffälliger aber nützlicher Geselle in unseren Gärten. Er nistet gerne in Dachgiebeln und baut dort sein Nest auf vorspringende Balken, Holzwerk usw. In natürlicher Umgebung wird sehr dichtes Buschwerk bevorzugt!
Ein wichtiger Hinweis: Werden Spatzen oder deren Nester vermutet, so sollte man sich vergewissern, ob es sich nicht um ein Grauschnäppernest handelt; die Ähnlichkeit, einschließlich der Eier, ist leider groß.

Familie: Drosseln – *Turdidae*

Zu dieser Familie gehören nicht nur die bekannten Amsel und Drossel, sondern auch die kleinen Schwarz- und Braunkehlchen, der Gartenrotschwanz und der Hausrotschwanz, das Rotkehlchen wie auch die Nachtigall. Eine recht große Familie also mit im Aussehen sehr unterschiedlichen Arten. Wir müssen die besonders nützlichen Tiere daher einzeln beschreiben.

Schwarzkehlchen – *Saxicola torquata*
N:S = 90:10 +++
Braunkehlchen – *Saxicola rubetra*
(Siehe Farbbild 39 auf Seite 93)
N:S = 90:10 +++
Beide sind sehr kleine Vögelchen. Beim Schwarzkehlchen trägt das Männchen schwarzweißes Gefieder mit rostrotem Bauch, das Weibchen ist, wie stets, etwas unscheinbarer. Das Braunkehlchen dagegen sieht den Grauschnäppern zum Verwechseln ähnlich. Sie leben in Hecken und in Büschen. Auch sie sind Bodenbrüter und werden deshalb leider oft von Katzen aufgestöbert. Tagsüber findet man sie in Spitzen von Büschen, Bäumen, Hecken, in aufrechter Haltung nach Insekten ausspähend, die sie in kurzem Flug erjagen.

Gartenrotschwanz –
Phoenicurus phoenicurus
N:S = 70:30 ++
und Hausrotschwanz –
Phoenicurus ochruros
N:S 70:30 ++
(Siehe Farbbild 42 auf Seite 103)
Beide Vogelarten sind bekannt durch das auffällig zitternde Schwanzende und die Knickse, die sie alle paar Sekungen machen. Es sind hübsche Vögel mit rostrotem Schwanz. Das Hausrotschwanzmännchen ist am Rumpf dunkelgrau bis schwarz, das des Gartenrot-

schwanzes dagegen mit bräunlicher Brust und grauschwarz geflecktem Kopf. Neben Insekten fressen sie auch Beeren, besonders zur Herbstzeit. Es sind Zugvögel. Sie kommen überall vor, sind wenig scheu, und man kann sich ihnen auch im Garten mit ruhigen, langsamen Bewegungen nähern, um sie dann ausgiebig zu beobachten. Sie brüten gerne in Nisthöhlen, die auch am Hause angebracht sein können.

Rotkehlchen – *Erithacus rubecula*
N:S = 70:30 ++
(Siehe Farbbild 43 auf Seite 103)
Es ist der kleine bräunliche Kerl mit dem schönen rostroten Brustkleid und den hauchdünnen Beinchen, der auch im Winter in der Nähe menschlicher Behausung bleibt. Das Rotkehlchen macht immer einen etwas traurigen Eindruck, so daß man ihm ständig beistehen möchte. Sein Gesang ist wunderschön; hierbei setzt es sich meistens auf die höchsten Zweige der Bäume im Garten. Sein Nest legt es in kleine Erdhöhlen oder Baumlöcher, aber es nimmt auch sehr gerne Nisthöhlen an. Seine Nahrung sucht es vorwiegend am Boden, gelegentlich erhascht es Insekten auch im Fluge. Im Winter braucht das Rotkehlchen sehr fettreiches Futter. Es ist allerdings nicht geschickt genug, sich an die Meisenringe anzuhängen. Wir streuen es deshalb auf dem Boden aus, streuen aber einige Brocken etwas abseits – das Rotkehlchen ist scheu und läßt sich am Futterplatz von anderen Vögeln verdrängen.

Nachtigall – *Luscinia megarhynchos*
N:S = 70:30 ++
(Siehe Farbbild 44 auf Seite 103)
Wer noch nie eine Nachtigall gesehen hat, stellt sich wunder was hierunter vor, dabei ist sie doch nur ein unscheinbarer, spatzengroßer Vogel: Oberseite braun, Unterseite mehr weißlich gefärbt und leicht gefleckt. Sie sieht Grauschnäppern, aber auch den Weibchen des Gartenrotschwanzes bzw. des Rotkehlchens zum Verwechseln ähnlich. Dies aber nur, solange keine den Schnabel aufmacht. Dann erst begreift man, warum die Nachtigall uns zum Träumen bringen kann! Neben ihren Lock- und Warnrufen hat sie wunderschöne Lieder, singt so kräftig und harmonisch, nicht nur am Tage, sondern auch spät abends und sogar in der Nacht, daß ihre Berühmtheit wohl zu verstehen ist. Ihre Nahrung besteht vorwiegend aus Insekten, sie frißt aber auch Beeren und kleine Früchte. Sie ist ein Zugvogel. Aufenthaltsort sind die Auwälder, gepflegte Parks, aber auch große Gärten mit viel Gebüsch und Laubbäumen. Ihr Nest baut die Nachtigall auf dem Boden aus Moos, Grashalmen, trockenem Laub, sehr versteckt in dichtem Buschwerk. Dort legt sie braune, mitunter olivfarbige, ungefleckte Eier.

Misteldrossel – *Turdus viscivorus*
N:S = 60:40 +
(Siehe Farbbild 45 auf Seite 113)

Singdrossel – *Turdus philomelos*
N:S = 60:40 +

Wacholderdrossel – *Turdus pilaris*
N:S = 60:40 +

Drei äußerst ähnliche Arten, alle mit hellbraunem Deckgefieder und weißbraun gesprenkelter Brust. Sie haben auch ähnliche Lebens- und Nahrungsgewohnheiten. Dabei fressen sie bevorzugt Insekten, Würmer und auch Schnecken. Nur zur Herbstzeit, wenn sie für ihren Vogelzug Fettreserven ansammeln müssen, stürzen sie sich auf Beeren und Früchte, um möglichst viel zuckerartige Substanzen, also Kohlenhydrate, aufzunehmen. Sonst aber sind sie höchst nützliche Tiere, besonders die Singdrossel, die etwas kleiner als die bekannte Amsel ist. Sie hat einen schönen, lauten Gesang mit vielen verschiedenen Strophen und ist sogar in der Lage, den Gesang anderer Vögel nachzuahmen.
Von der Wacholderdrossel berichtet man Merkwürdiges, der Verfasser konnte es selbst beobachten: Sitzt ein Greifvogel, also z. B. ein Bussard, auf einer Stange, einem Weidezaun, so kann es vorkommen, daß er von vielen Wacholderdrosseln auf einmal angeflogen wird, die ihn mit Kot bespritzen. Er ist starr vor Schreck und fliegt nicht davon. Er wird nun fortlaufend weiter mit Kot bekleckert, bis er einen regelrechten Kotmantel hat, dadurch bewegungsunfähig wird – und verendet.
Alle drei Drosselvögel brüten auf Bäumen oder in Hecken, ihre Nahrung suchen sie am oder im Boden. Einziger Nachteil dabei: sie verzehren auch den Regenwurm, den sie offensichtlich mit besonderen Sinnesorganen in einer Tiefe bis zu 3 cm im Boden wahrnehmen können.

Amsel – *Turdus merula*
N:S = 60:40 +
(Siehe Farbbild 46 auf Seite 113)
Als Männchen schwarz, mit gelbem Schnabel und gelbgeränderten Augen. Das Weibchen ist eher unscheinbar braun, leicht gefleckt, sieht also den vorgenannten Drosselarten ähnlich. Die Lebensart ist gleich der der Drosseln. Auch die Amsel frißt gerne Schnecken, Regenwürmer und Insekten, insgesamt ist sie also mehr nützlich als schädlich. Man muß nur aufpassen, daß ihr Bestand im Garten nicht zu dicht wird, da sie, und dies besonders in der Winterzeit, von den Futterplätzen gerne die anderen kleinen Vögel fernhält, ja, richtig davonjagt.
Nehmen sie im Garten überhand, so sollte man ruhig einmal ein Nest ausnehmen, um das Gleichgewicht unter den Vögeln wieder herzustellen. Einer besonderen Pflege bedürfen sie nicht, sie sind lebenskräftig genug.

Familie: Meisen – *Paridae*
N:S = 80:20 +++

Unsere kleinen Lieblinge! Sie sind das Paradebeispiel für gefiederte Nützlinge. Da sind die winzige Schwanzmeise – *Aegithalos caudatus*, die Haubenmeise – *Parus cristatus* oder auch die Weidenmeise – *Parus montanus*, die, wie ihr deutscher Name schon sagt, in Feuchtgebieten heimisch ist, Blaumeise – *Parus caeruleus (siehe Farbbild 41 auf Seite 103)* und Kohlmeise – *Parus major (siehe Farbbild 47 auf Seite 123)* – sind die am häufigsten vertretenen Arten in unseren Gärten. Alle Meisen sind im höchsten Maße nützlich. Sie verzehren nicht nur lebende Insekten, sondern auch deren Eier und natürlich auch Würmchen und Larven. Nur im Spätherbst, wenn der Winter naht, gehen sie auch an Ölsaaten, um sich ein Fettpolster anzulegen.

Es sind geschickte Vögel, die sich im Lebenskampf dank ihrer hohen Anpassungsfähigkeit hervorragend durchsetzen. Nur im Winter leiden sie, vor allen Dingen wenn der Schnee hoch liegt. Es ist unsere Pflicht, sie zu füttern. Besonders gerne fressen sie fetthaltige Samen. Mit Brotkrümeln dagegen können wir sie sehr schädigen.

Schaffen wir doch im Winter zwei Futterplätze – einen davon speziell für Meisen eingerichtet, denn sie sind so klein und zierlich, daß größere Vögel sie gerne verjagen. Insbesondere aber sorgen wir durch reichliches Aufhängen von Nisthöhlen für Schutz im Winter und gleichzeitig für Brutgelegenheit in den Frühlings- und Sommermonaten. Das ist biologischer Pflanzenschutz.

Familie: Spechtmeisen – *Sittidae*
Art: Kleiber – *Sitta europaea*
N:S = 70:30 ++
(Siehe Farbbild 48 auf Seite 123)

Wer kennt ihn nicht mit seinem hübschen graublauen Gefieder und seiner gelbrötlichen Bauchseite, wenn er, etwas größer als ein Spatz, mit einem merkwürdigen Stummelschwanz, im Winter sich an den Futterstellen einfindet. Im Sommer bekommen wir ihn kaum zu sehen. Er saust an den Baumstämmen 'rauf und 'runter, überwiegend dabei mit dem Kopf abwärts, und sammelt eifrig in der Rinde Schadinsekten. Nur ganz gelegentlich verirrt er sich auch einmal an Beeren. Im Winter leidet er Hunger. Es ist selbstverständlich, daß wir ihn füttern als einen hervorragenden Nützling besonders an großen alten Obstbäumen. Auch er geht gerne in Nistkästen, wenn wir sie relativ hoch in dicht zugewachsenen alten Laubbäumen anbringen. Innen polstert er sie mit Fasermaterial, Blättern wie auch Rindenstückchen aus. Lustig ist, wie er das Einflugloch auf seine ganz persönliche Körpergröße einstellt und mit Erde, Ton und ähnlichem Material verkleinert. War es früher ein sehr scheuer und eher seltener Vogel, so findet man ihn jetzt wieder recht häufig – anscheinend behagen ihm die Nistkästen, so daß er sich doch reichlich vermehrt.

Familie: Ammern – *Emberizidae*
N:S = 60:40 ++

Besonders die Grauammer – *Emberiza calandra,* wie auch die Goldammer – *Emberiza citrinella* sind bei uns heimische Arten. Meistens werden sie mit

Gelbfinken verwechselt. Im Gefieder sehen sie ihnen ähnlich, auch haben sie die gleiche Größe. Im Gegensatz zu diesen fressen sie aber bedeutend mehr Insekten und nur wenig Sämereien oder Beeren. Ihr Nest wird vorwiegend auf dem Boden, im dichten Gras und Gebüsch gebaut. Die Eier sind unverwechselbar; weißlicher als die der Finken mit charakteristischen Flecken bzw. Zeichnungen. Sie leben gerne in Schwärmen zusammen und halten sich dabei bevorzugt in der Nähe menschlicher Siedlungen auf. Sie sind Zugvögel, im Winter verlassen sie uns also.

Die große Familie der *Finken* ist, da sie mehr Sämereien und Beeren fressen, in den Gärten eher schädlich als nützlich. Das gilt auch für den Gimpel, den Dompfaff – *Pyrrhula pyrrhula (siehe Farbbild 50 auf Seite 123)*, der sich besonders in süddeutschen Revieren in den letzten Jahren stark vermehrt hat. So schön wie er aussieht, als Nützling können wir ihn nicht bezeichnen. Besonders eine Angewohnheit, im Frühjahr die Knospen von Himbeeren, Weinpflanzen und einigen anderen Nutzpflanzen abzuknabbern, kann ihn zu einem argen Schädling werden lassen. Jagen wollen wir ihn aber deswegen nicht – er ist einfach zu hübsch. Wir schützen uns vor dieser lästigen Eigenschaft durch Bestreichen der Zweige mit einer bitteren Tanninlösung oder sogar Chininlösung, die uns der Drogist bzw. Apotheker bereitet.

Auch die Familie der *Webervögel* mit ihren vielen Sperlingsarten rechnen wir zu den Schädlingen. Wir schützen uns vor ihrer übermäßigen Vermehrung durch regelmäßiges Kontrollieren der Nistgelegenheiten und, finden wir Spatzeneier in den Nestern, dem Herausnehmen dieser Eier. Lernen wir daher anhand eines Bestimmungsbuches, diese Eier genau zu unterscheiden von denen nützlicher Vogelarten.

Familie: Stare – *Sturnidae*
N:S = 70:30 ++
(Siehe Farbbild 49 auf Seite 123)

Ein Star soll ein Nützling sein? Aber ja, ein großer sogar! Nur im Herbst, wenn er für seinen Winterflug Kraftreserven ansammelt, dann stürzt er sich auf Obst, insbesondere auf Beeren. Aber sonst ist er sowohl ein geselliger wie auch hübscher Vogel, der sich und seine Brut den Sommer über von Insekten, Würmern, Schnecken usw. ernährt. Ein Starenkasten gehört in jeden Garten, schon um am Abend sein geselliges Familienleben studieren, die Aufzucht der Jungen beobachten und sich an seinen vielen Liedern erfreuen zu können. Vorsicht jedoch, wenn Weintrauben oder andere Beerenfrüchte angepflanzt sind – hier müssen Netze übergezogen werden, sonst ernten die Vögel mehr als wir selber.

Soweit zu den Vögeln in Gärten, die wir als besonders nützlich ansehen.

Auch die *Enten* gehören hierher. Es sei daher auf besondere Entenarten hingewiesen. Die sogenannte Pekingente macht in neuerer Zeit von sich reden, auch die Moschus- oder Warzenente. Sie fressen angeblich gerne Schnecken. Wer also Enten hält, sollte sich einmal diese Arten anschaffen, um ihre Freßgewohnheiten auszunutzen. Es wird immer wieder berichtet, daß diese Enten Gemüse- und Hausgärten schneckenfrei halten, ohne dabei allzu großen Schaden an den Pflanzen zu verursachen. Dazu soll noch das Fleisch besonders schmackhaft sein – was kann man mehr verlangen!

41 Hausrotschwanz – *Phoenicurus ochrurus.*
42 Blaumeise – *Parus careuleus.*
43 Nachtigall – *Luscinia megarhynchos.*
44 Rotkehlchen – *Erithacus rubecula.*

41

42

43

44

Kriechtiere und Lurche

Bei Kriechtieren denken wir sofort an Schlangen, Blindschleichen und Eidechsen. Bei Lurchen, das wissen wir noch aus der Schule, handelt es sich vorzugsweise um im Wasser lebende Tiere, die sich aber auch in Feuchtgebieten aufhalten, bei uns also um Frösche, um Kröten. Schlangenarten gibt es in Deutschland nicht viele. Wenn wir aber eine Natter im Garten finden, sollten wir uns glücklich schätzen, denn sie hält uns die Mäuse vom Leibe.

Blindschleichen sind keine Schlangen, sondern sie gehören zu den Echsen. Eidechsen und ganz besonders die Kröten vertilgen vielerlei Insekten, Würmer, Spinnen usw. Alle tragen mit dazu bei, daß unser Garten schädlingsfrei gehalten wird. Besonderer Vorzug: Ihre »Jagdzeit«, ihre Nahrungssuche ist der späte Abend und die Nacht, also dann, wenn die Vögel nicht mehr aktiv sind, andererseits aber gerade viele Insekten und Raupenarten aus ihren Schlupflöchern hervorkommen. Vögel *und* Kriechtiere sowie Lurche ergänzen sich also, gemeinsam jagen sie rund um die Uhr.

Bedauerlich ist nur, daß gerade diese Tierarten sich auch gegenseitig jagen und auffressen, so z.B. Schlangen die Eidechsen und Kröten, so daß wir hier regulierend eingreifen müssen.

Wollen wir Kriechtiere und Lurche im Garten halten, so müssen wir ihnen günstige Lebensvoraussetzungen schaffen, sonst werden sie sich nicht ansiedeln. Alle Kriechtiere lieben Sonne und Trockenheit. Sie brauchen unbedingt Bretter-, Erd- oder, am besten, Steinhaufen, um gegen ihre Feinde – hier insbesondere die größeren Vogelarten – geschützt zu sein. Auf je 200 bis 300 m^2 Gartenfläche ein etwa ¼ bis ½ m^2 großer, sehr locker aufgeschichteter Steinhaufen, dem noch Bretter beigegeben sind und der innen höhlenartige Unterschlupfmöglichkeiten bietet, das ist es, was diese Tiere lieben. Dabei kann ein solcher Haufen im oberen Teil durchaus mit Erde bedeckt und als ein kleiner Steingarten angelegt werden.

Eidechsen lieben besonders Bruchstein-

Oben: Futtersilo für Meisen, zur Aufnahme von 14 Liter Samenfutter. – Unten: Vogeltränke aus Keramik, aufgestellt neben Fichtenhekke als möglichem Fluchtort.

mauern mit Pflanzenbewuchs. Hier sorgen wir dafür, daß im locker aufgeschichteten Mauerwerk genügend Zwischenräume vorhanden sind, in denen sie sich verkriechen können. Das reicht schon aus.

Anders ist es mit den Lurchen. Sie brauchen Feuchtgebiete und Wasser zum Leben und zur Fortpflanzung. Hier sollten wir uns schon die Mühe machen, einen kleinen Tümpel, einen flachen Teich, stets bepflanzt mit Wasserpflanzen, anzulegen. Ein Teil der Teichumrandung muß aus natürlichem Wildwuchs bestehen, dort darf nicht gemäht oder gar ein Ziergarten bzw. eine Plattenumrandung angelegt werden. Lurche brauchen einen Wildflekken, wo sie sich auch tagsüber aufhalten können, ein Biotop also, wie es schon für Insekten empfohlen wurde.

Zusammengefaßt: Kriechtiere und Lurche halten selbstverständlich allein einen Garten nicht schädlingsfrei. Wer aber durch gute Lebensmöglichkeiten und geeigneten Unterschlupf einige Blindschleichen, vielleicht sogar eine Natter und ganz besonders Kröten in seinem Garten halten kann, der wird bald mit Erstaunen feststellen, wie sehr diese Tiere mit Erdinsekten, Raupen und auch den Schnecken aufräumen können, während eine Natter die Mäuse vertilgt. Das »Igitigit« von Kindern und Frauen sollte dabei nicht schrekken; im Gegenteil, kennt man diese Tiere, merkt wie nützlich sie sein können, so wird sich die Einstellung zu ihnen schnell ändern.

Schlangen

In Mitteleuropa, also auch in Deutschland, Österreich und der Schweiz, sind noch einige Schlangenarten beheimatet. Es sind vorzugsweise die *Glattnatter,* die *Ringelnatter* und einige *Otterarten.* Im Gegensatz zu den letztgenannten sind die Nattern nicht giftig, sie sind auch stärker verbreitet. Gerade in süddeutschen Revieren und hier in Trokkengebieten, an warmen Hängen und in dichtem Gras, d. h. also in Bezirken, die noch nicht unter Kultur genommen wurden, findet man sie gerne. Es sind scheue, flinke und für uns Menschen harmlose Tiere, die vorwiegend von kleinen Wirbeltieren, vor allem also von Mäusen leben.

Liegt der Garten am Rande einer Siedlung, umgeben von unbebautem Land, so kann es passieren, daß einmal eine Natter auch in den häuslichen Garten kommt. Man wird sie zunächst überhaupt nicht bemerken. Findet man jedoch nach der Schneeschmelze, etwa März/April, das sogenannte Natternhemd, ein fast durchsichtiges, schuppiges, wie Cellophan aussehendes Gebilde von 30 bis 60 cm Länge, so handelt es sich um das abgestreifte Winterkleid einer Schlange. Auch wenn Kinder im Hause sind, so ist das kein Grund, um nervös zu werden.

Man geht in die nächste Buchhandlung und besorgt sich ein Buch über die heimischen Schlangenarten mit gutem Bildmaterial. Anhand dieser Unterlage prägt man sich den Unterschied zwi-

Die gefährliche Kreuzotter und die nützliche Ringelnatter sind deutlich zu unterscheiden. Oben: Kreuzotter – *Vipera berus*, unten: Ringelnatter – *Natrix natrix*.

schen Ottern und Nattern ein. Den muß man kennen, da eine Otter ja Giftzähne hat. Sie muß aus dem Garten entfernt werden. Ist man sich nicht sicher, so wird die nächstgelegene Geschäftsstelle des Bundes Naturschutz angerufen, oder man wendet sich an eine kundige Person, benachrichtigt einen Zoo oder kennt sonst jemanden, der weiterhilft.

Totgeschlagen wird keine Schlange, dazu sind sie zu selten geworden!

Als Vorweginformation nur so viel: *Nattern* sind recht zierlich, höchstens bis 60 cm lang, mit einem spitz auslaufenden Schwanz und von dunkelbrauner bis schwarzgrauer Färbung sowie zurückhaltender Zeichnung.

Ottern dagegen sind von hellerem Braun, zeigen eine lebhafte, meist gelbliche Zeichnung mit einem charakteristischen Zickzackband. Man kann die beiden Familien sehr gut voneinander unterscheiden.

Hat man eine *Natter* im Garten, so kann man sich freuen, denn mit der Mäuseplage wird es ab sofort vorbei sein. Für sie schaffen wir den erwähnten Unterschlupf, einen locker geschichteten Steinhaufen. Auch im Biotop wird sie gerne leben wollen, ebenso unter dem Baumscheibenmulch, denn dort ist es ja so schön warm.

Im übrigen sind Nattern scheue Tiere, die man kaum zu Gesicht bekommt. Zwar sind sie bei der Mäusevertilgung nützlich, sie fressen aber bedauerlicherweise auch Eidechsen, manchmal sogar kleine Küken und junge Frösche oder Lurche. Trotzdem, der Nutzen ist weitaus größer als ein möglicher Schaden.

Man sollte sie einfach in Ruhe lassen. Der Verfasser hatte das Glück, in seinem kleinen Rebberg am Bodensee, der inmitten eines ländlichen Wohngebietes lag, in seinem Garten eine Natter zu entdecken. War vorher stets eine arge Feldmausplage gewesen, so verschwand diese schnell, und die Natter, bzw. ihre Nachkommen, hielt sich über Jahre völlig unbemerkt im Garten auf. Nur ihre Häute sah man ab und zu. Einmal aber, beim Anheben eines Mulches mit den Händen, kamen sich Natter und der Verfasser auf Tuchfühlung näher. Beide bekamen den gleichen Schreck, beide zogen sich dann aber auch vorsichtig zurück und taten sich nichts. Im Gegenteil, man hatte Freundschaft geschlossen, und wenn später der Verfasser Kindern aus der Nachbarschaft diese Schlange, deren Aufenthaltsorte er mittlerweile kannte, zeigte, so störte das das Tier nicht mehr, wußte es doch, daß man ihm nichts tat. Für die Kinder war das ganze ein Spaß, fast wie im zoologischen Garten.

Diese Bemerkung als Hinweis dafür, daß Schlange nicht gleich Schlange ist. Nur wenige Leser werden mit Nattern jemals in Berührung kommen. Viel häufiger wird dagegen in ihrem Garten eine *Blindschleiche – Anguis fragilis* *(siehe Farbbild 51 auf Seite 134)* anzutreffen sein. Es ist die bekannteste europäische Vertreterin der sogenannten Blindschlangen, die insgesamt zu den Echsen bzw. den Schleichen gehören. Es ist sozusagen eine fußlose Echse. Sie kann bis 50 cm lang werden, ist sehr schlank, Durchmesser nur 1 bis 1½ cm, vorwiegend grau, aber auch graubraun gefärbt, belegt mit winzigkleinen Schuppen, die dem Tier ein glattes, glänzendes Aussehen geben.

Blindschleichen sind also keine Schlangen – sie sind völlig harmlos und verdienen unseren Schutz. Sie fressen vorwiegend Nacktschnecken, aber auch im Boden lebende Insektenlarven (z.B. Engerlinge) und Regenwürmer. Den Winter verbringen sie in selbstgegrabenen Höhlungen in der Erde, meist zu mehreren. Im Sommer gebiert das Weibchen 5 bis 20 ganz kleine, nur regenwurmgroße Junge, die meist silbrig aussehen und eine schwarze Rükkenlinie sowie dunkle Flanken haben. Sie wachsen relativ langsam.

Blindschleichen sind durchaus nicht blind, sondern haben ganz kleine Knopfaugen mit rötlicher Iris. Ihren Namen erhielten sie von ihrem »blindmachenden«, blendenden Schuppenkleid. Die empfohlenen Steinhaufen nehmen sie zum Schutz gegen Raubvögel aber auch gegen Katzen gerne an, darunter werden sie auch im Erdreich ihr Winterquartier graben.

Findet man im eigenen Garten keine

Blindschleichen, so sollte man in der Nachbarschaft fragen. Gibt es dort welche, so kann man vielleicht einige Junge nehmen und bei sich selber aussetzen. Der Verfasser hat erfolgreich versucht, junge Blindschleichen in der Nähe der Komposthaufen anzusiedeln. Dort übernahmen sie das Absuchen von Schnecken und blieben auch ortsbeständig.

Bei Blindschleichen im Garten müssen Katzen ferngehalten werden, sie spielen sonst mit ihnen und zerbrechen dabei ihr Rückgrat. Richtig gefährlich für diese Tiere ist der moderne Rasenmäher, besonders wenn er tief eingestellt wird. Der beste Schutz für Blindschleichen aber ist, daß wir selber kein lästiges Getier in ihnen sehen, sie also nicht totschlagen in der Meinung, es seien giftige Schlangen, sondern sie als Freund und Helfer im Garten betrachten.

Wir verlassen die Familie der Schlangen bzw. Echsen und kommen nun zu den Lurchen.

Lurche

Lurche leben amphibisch und machen gewissermaßen ein Fischstadium durch, bevor sie in der uns bekannten Erscheinung auftreten. Aus dem Ei, das die Eltern legen, entsteht zunächst ein fischartiges, im Wasser lebendes Wesen mit Kiemenatmung, ohne Gliedmaßen. Erst im Verlauf ihrer Verwandlung bilden sich dann die Kiemen zurück und die Lunge sowie die Gliedmaßen aus. Der nun endlich entstandene Lurch, d. h. also der Frosch, die Kröte usw., ist langlebig, er wird bis zu 20 Jahre alt.

Stets brauchen die erwachsenen Tiere ein Feuchtgebiet oder sogar Wasser, sei es zu ihrem eigenen Wohlbefinden, sei es aber auch zur Paarung und für die jungen Tiere. Die Fortpflanzung geschieht nur im Wasser! Dabei haben die Tiere die merkwürdige Gewohnheit, selbst weite Wanderungen zu unternehmen, um sich stets im gleichen Weiher zu paaren. Müssen sie dabei Landstraßen überqueren, werden sie oft von Autos erfaßt, und es findet dann ein regelrechtes Massensterben statt, da der Paarungstrieb alle Tiere stets gemeinsam befällt.

Insgesamt gibt es auf der Erde viele tausend Lurcharten; uns interessieren jedoch nur zwei.

Einmal ist es der ordinäre *Wasserfrosch – Rana esculenta.* Ihn kennen wir alle, mit seinem grünen, braunschwarz gefleckten, typischen Aussehen an der Oberseite und mit weißlicher oder gelblicher Unterseite. Er lebt tagsüber im Teich, nachts aber, wenn der Tau das Gras feucht gemacht hat, unternimmt er größere Spaziergänge und frißt dabei an Insekten alles, was ihm überhaupt nur vors Maul kommt. Er überwintert entweder im Schlamm des Gewässers oder gräbt sich eine Erdhöhle und hält dort seinen Winterschlaf.

Wird der Frosch als Nützling angesehen, und lachen wir im Grunde auch über seine Possierlichkeit, so finden wir

Auch der Wasserfrosch – Rana esculenta – ist im Garten ein nützlicher Helfer.

in der Familie der *Kröten – Bufonidae* eine ganz besonders nützliche Lurchenart. Leider werden gerade die Kröten infolge ihres häßlichen Aussehens verabscheut, ja verachtet. Das ist grundfalsch. Besonders die *Erdkröte – Bufo vulgaris (siehe Farbbild 52 auf Seite 134),* die in Wiesen, im Unterholz des Waldes usw. lebt – aber stets einen Teich, ein kleines Gewässer in der Nähe haben muß – ist ein *ungewöhnlich nützliches Tier!* Zwar scheinen ihre Bewegungen sehr langsam, auch hält sie sich tagsüber in Erdlöchern, im feuchten Laub oder unter Steinen versteckt, so wird sie doch nachts ganz erstaunlich munter. Auch sie schluckt alles, was überhaupt in ihr breites Maul hineinpaßt, und lebt dabei ausschließlich von tierischer Nahrung, hauptsächlich von Insekten, Würmern, Raupen und Schnecken. Aber nur Lebendiges wird gefressen, bereits tote Tiere werden nicht angenommen.

Die Erdkröte wird alt und bleibt ortsständig, wenn sie zur Paarung den erwähnten Wassertümpel im Garten vorfindet. Mitunter wird es nur notwendig sein, in den ersten ein, zwei Jahren in unserem Garten während der Paarungszeit, also im Mai, um ihr Aufenthaltsgebiet einen kleinen Plastikzaun zu ziehen, damit sie nicht ihrem Naturtrieb folgt und versucht, wieder an ihre Geburtsstätte zu gelangen. Nach dieser Zeit aber hat sie sich an ihr neues Gebiet, an ihren neuen Teich gewöhnt und bleibt dann da, auch die Nachkommenschaft ist nunmehr ortsfest.

Wo man Erdkröten bekommt? Man ruft bei der nächsten Geschäftsstelle des Bundes Naturschutz an. Fast in jeder Stadt gibt es eine. Diese Organisation hat es sich zur Aufgabe gemacht, Kröten bei ihrem Laichzug sicher über die Straßen zu bringen. Man errichtet kleine Zäune, sammelt abends dann die Kröten auf und trägt sie in Eimern über die Straße, so daß sie ungefährdet zu ihrem See kommen. Man sollte sich ruhig einmal zu einer solchen »Transportaufgabe« anbieten, diese Hilfsbereitschaft wird dankbar angenommen, und sicherlich kann man dann auch einige Kröten mit nach Hause nehmen.

Wie man sie schützen kann? Achtung auf größere Raubvögel, Achtung auch vor den bereits beschriebenen Nattern, die kleine Kröten jagen. Vorsicht im Umgang mit dem Rasenmäher, besonders wenn das Gras schon hoch wurde und feucht ist. Katzen gehen kaum an Kröten, höchstens um mit ihnen zu spielen – auch das bekommt ihnen natürlich nicht gut. Also, Katzen fernhalten, wenn es Kröten im Garten gibt.

Ist ein großer Garten vorhanden und kann man sich zu einem Biotop entschließen, so legt man am Rande dieses Biotopes auch einen kleinen Teich an, dann *müssen* dort einfach Kröten hinein! Im biologischen Pflanzenschutz heißt es nicht, Vögel oder Lurche, sondern grundsätzlich Vögel *und* Lurche, da nur die letztgenannten, abgesehen von den Eulenvögeln, Fledermäusen und Schleichen, während der Nachtzeit jagen, in der ja viele Insekten unterwegs sind.

Auch im Gewächshaus – falls vorhanden – wird ein ganz kleiner Tümpel angelegt, damit die Tiere sich ab und zu benetzen können. Dazu schaffen wir ihnen einen Zugang ins Haus bzw. ins Freie.

Kröten haben einen guten Ortssinn und werden, finden sie im Gewächshaus Futter, diesen Zugang später immer wieder benutzen. Der Zugang darf nicht die Tür sein, die ja mitunter verschlossen wird, sondern sollte aus einer kleinen, unter der Wand durchführenden Erdhöhle bestehen, in der sich die Tiere dann auch tagsüber aufhalten und von wo aus sie ins Haus oder ins Freiland gehen können, um zu jagen.

Kröten mögen häßlich aussehen, auch langsam sein, dumm sind sie nicht. Sie gewöhnen sich sogar an den Menschen, erkennen ihn wieder, wenn sie ihn regelmäßig sehen, und flüchten dann auch nicht mehr, ja lassen sich sogar von ihm füttern! Wer einmal erlebt hat, wie leicht z. B. die Nacktschneckenplage durch Kröten im Garten beseitigt wird, der wird vielleicht auch versuchen, Kröten im Garten anzusiedeln.

Eidechsen – *Lacerta*

(Siehe Farbbild 53 auf Seite 134)

Wer hat sie nicht schon gesehen und sich an ihnen erfreut, an den kleinen, beweglichen, gelb-grüngold schimmernden Tieren, die bis zu 25 cm lang werden können. Sie lieben die Sonne, es sind Tagtiere. Bevorzugt an Böschungen, Gemäuern, insbesondere soweit diese nach Süden gerichtet stehen, findet man die Eidechsen an warmen Sommertagen sich sonnend vor. Stört man sie, huschen sie flink ins Gras, in Steinritzen oder kleine Erdlöcher.

Dort schützen sie sich vor ihren vielen Feinden, besonders den größeren Vögeln. In diesen Erdlöchern verbringen sie auch ab Mitte Oktober ihren Winterschlaf, meist zu mehreren in einer Höhle. Ebenfalls legen sie im Sommer dort ihre Eier ab, aus denen ab August die Jungtiere schlüpfen, die, winzig klein, genauso aussehen wie ihre Eltern. Sie nähren sich ausschließlich von tierischer Kost, von Insekten, Raupen, Würmern, Spinnen usw., aber neben Schnecken werden auch Regenwürmer gefressen.

Insgesamt gesehen darf man den Nutzen der Eidechsen nicht zu hoch veranschlagen. Da sie aber in keinem Fall nennenswerten Schaden stiften, sollten sie geschont werden. Wenn man bei Grabarbeiten, etwa beim Herrichten einer Stützmauer, auf ein Eidechsengelege stößt, in dem sich meistens acht bis zehn kleine weiße, pergamentartig aussehende Eierchen finden, so erhalten wir dieses Nest, decken es sorgfältig wieder zu. Auch Eidechsen lieben den mehrfach erwähnten kleinen Steinhaufen und schlagen gerne ihre Wohnung darin auf. Weitere Pflege benötigen diese scheuen Tiere nicht.

In östlichen Ländern, aber auch in Griechenland und Süditalien, werden sie als Glücksbringer angesehen; in früheren Jahrhunderten schrieb man ihnen geheimnisvolle Kräfte zu, sie galten als Boten der Götter.

45 Misteldrossel – *Turdus viscivorus.*

46 Amsel – *Turdus merula,* oben das Weibchen, unten das tiefschwarze Männchen.

45

46

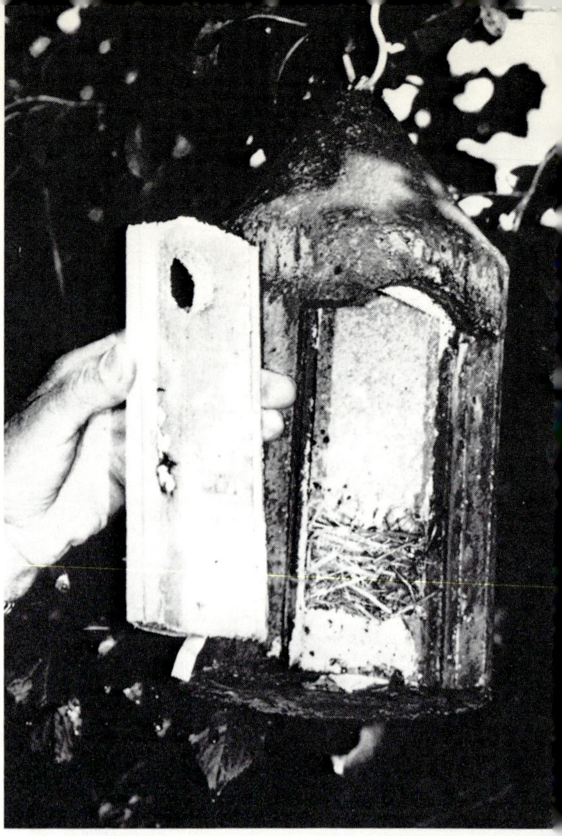

Säugetiere

Die Arten der Säugetiere, die uns bei der Schädlingsvertilgung im Garten und im Gewächshaus nützlich werden können, sind an den Fingern einer Hand aufzuzählen. Es sind in der Rangfolge des Nutzens für uns: Die *Fledermaus,* die *Spitzmaus,* der *Maulwurf* (jawohl!) der *Igel* und das *Wiesel.* Der Verfasser möchte noch den Haushund dazu rechnen, weil dieser im allgemeinen die Katzen aus dem Garten verscheucht, die in Vogelnestern, bei den Blindschleichen, Eidechsen wie auch den Kröten großen Schaden stiften.

Von den genannten Tieren sollte unsere Aufmerksamkeit besonders der Fledermaus und der Spitzmaus gelten. Der Igel ist ein wandernder Geselle, und ein Wiesel im Garten sehr selten. Und ein Maulwurf als Nützling? Auch der überzeugteste biologische Gärtner fängt da an, sich am Kopf zu kratzen, denkt besonders im Frühling an die Riesenhaufen in seinen schönen Beeten, im Rasen und sagt dann meistens »nein danke!«

Oben links: Meisenhöhle aus Holzbeton, frei aufgehängt. – Oben rechts: Meisenhöhle mit abnehmbarer Vorderwand zum Nachschauen und Reinigen. – Unten links: Selbstgebaute Meisenhöhle mit Tür. – Unten rechts: Höhle aus Holzbeton mit Brutraum und Marderschutz.

Nachtjäger mit Radarsystem

Ordnung:
Flattertiere – *Chiroptera*

Unterordnung:
Kleinfledermäuse – *Microchiroptera*
N:S = 95:5 +++
(Siehe Farbbild 54 auf Seite 135)

In Deutschland, Österreich und der Schweiz wie auch in Italien, Dänemark und allen östlich hiervon liegenden Ländern sind Fledermäuse durch strenge Gesetze geschützt. Es sind im Blick auf die Insektenvertilgung die nützlichsten Säugetiere, die wir kennen, und wir sollten alles tun, um ihre Vermehrung zu fördern.

Jahrhundertelang verfolgte der Mensch diese Tiere. Es gab viel Aberglauben und törichte Vorstellungen über sie – so sollten sie in der Nacht als Vampire den Menschen Blut absaugen, Kinder überfallen u. ä. In den Märchen vieler Völker kommen sie immer wieder vor, im Altertum dagegen genossen sie in einigen Ländern sogar religiöse Verehrung. Sicherlich hängt das alles mit dem merkwürdigen Aussehen dieser Tiere zusammen, daß sie von ihrer Fortbewegung her eine Zwitterstellung zwischen Vogel und Säugetier einnehmen, ihrem

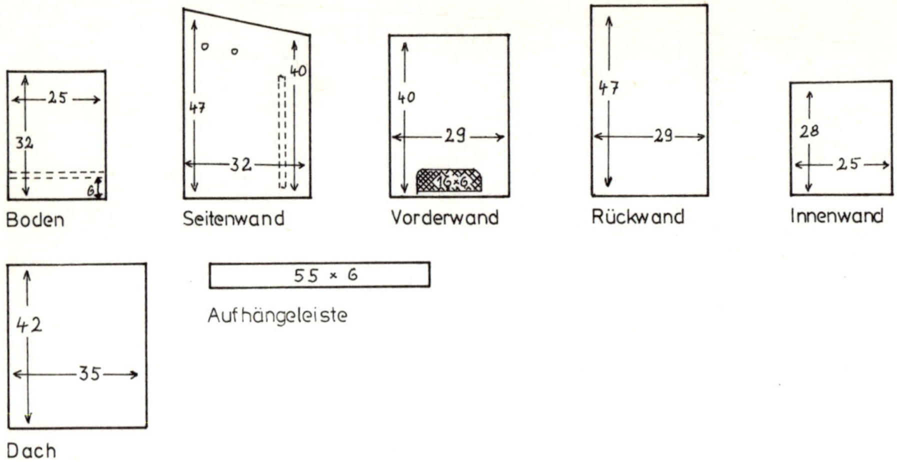

Fledermauskasten zum Selbstbau. Materialstärke 2 mm. Haltestäbe = 6 mm Dübelstäbe. Die gestrichelten Linien bei Boden und Seitenwand deuten die Stellung der Innenwand an. Innen muß Holz sägerauh sein. Nicht imprägnieren. Eine Wand oder das Dach zur Inspektion abschraubbar oder aufklappbar befestigen.

Höhlenleben und der Fähigkeit, in der Nacht »sehen« zu können.

In ländlichen Gebieten haben sich bis heute diese Vorurteile noch nicht ganz ausrotten lassen, so daß man die Tiere dort immer noch verfolgt. Weitere Aufklärung tut also not.

Entscheidend haben die Fledermäuse aber unter der modernen Bauweise gelitten. Hohe Dachgiebel verschwinden, Einflugmöglichkeiten werden heute sorgfältig zugemauert, Ruinen restauriert, kranke Bäume mit Holzhöhlen darin gibt es kaum mehr, ebensowenig wie verlassene Felsenhöhlen, alte Stollen usw. Alle diese Plätze brauchen sie aber, um Unterkunft am Tage zu finden, für ihre Fortpflanzung und besonders zur Überwinterung.

Erst das Wissen um ihre Lebensgewohnheiten, der gesetzliche Schutz, und ganz besonders das Anbringen von künstlichen Fledermaushöhlen *(siehe Foto Seite 124)* bewirkt, daß sie sich seit einiger Zeit wieder vermehren können und nun besonders in Waldgebieten wieder eine ihrer Anzahl entsprechende Nützlingsfunktion ausüben. Hier müssen wir mitmachen! Wenn bekannt ist, daß es in der Umgebung Fledermäuse gibt, man selber in Waldnähe wohnt oder einen großen, mit alten Bäumen bestandenen Garten besitzt, so ist es geradezu Pflicht, einige Fledermauskästen aufzuhängen! Diese gibt es für wenige Mark im Fachhandel zu erstehen. Auch selber kann man einen solchen Kasten leicht bauen, die Skizze zeigt es.

Stets liegt die Einflugöffnung unten, und stets befindet sich im Kasten selber noch ein Einsatzbrett, welches das Nisten von Vögeln verhindern soll. Ob dabei ein Kasten mit Einflugloch, waagerechtem oder senkrechtem Einflugschlitz gebaut wird, ist nicht so wichtig. Die Kästen werden möglichst hoch im Baum befestigt, mit der Öffnung stets nach Süden. Wurde ein Kasten von einem Fledermauspaar bezogen, so sollte man umgehend in direkter Nähe weitere Kästen anbringen, denn Fledermäuse sind gesellig.

Nun zu den Tieren selber und ihren Lebensgewohnheiten. Wir haben es mit einer sehr artenreichen Tierordnung zu tun – ca. 800 Arten, die jedoch meist in den Tropen leben, unterteilt in 100 Gattungen bei 16 Familien. In unseren Gegenden kennen wir vorwiegend die Frühfliegende Fledermaus – *Vesperugo noctula,* die hauptsächlich Waldgebiete bewohnt, die Großohrige Fledermaus – *Plecotus auritus,* die sich gerne im Obstgelände, in Obstgärten aufhält, und die Breitohrige Fledermaus, auch Mopsfledermaus genannt, *Synotus barbastellus,* die ebenfalls gerne in Gärten und an Waldrändern ihr Futter sucht.

Die genannten Arten unterscheiden sich für den Laien in Aussehen und Größe nur wenig. Kennzeichnend für alle ist ein fast mausähnlicher, braunbehaarter Körper mit ungewöhnlich großen Ohren, ihr breites Maul mit spitzen Zähnen, kleine Knopfaugen und ihr Flügelwerk mit der lederartigen Flughaut sowie dem als Greifer ausgebildeten Daumen. Hiermit und mit den Füßen klettern sie an Mauern und an Baumstämmen hinauf und herunter oder halten sich fest. Ihr Flug ist unstet, flatterhaft. Sie können aber im Flug erstaunlich kurze Wendungen durchführen, um Nahrung zu erhaschen. Wie wohl bekannt ist, verfügen diese Tiere über ein »Radarsystem«, d.h. sie senden kurze Schallwellen aus, die außerhalb unseres Hörvermögens liegen. Die Reflektion dieser Schallwellen fangen

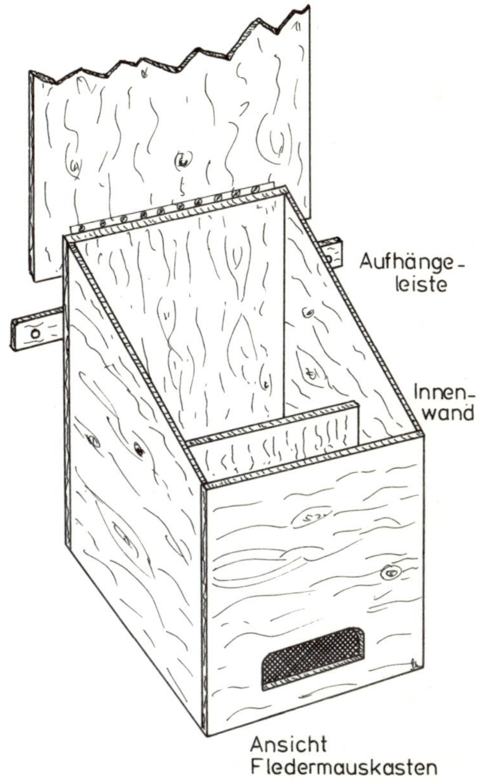

Fertiger Fledermauskasten mit aufgeklapptem Dach.

sie vermutlich mit ihren Ohren wieder ein; so können sie in der Nacht »sehen« und auch ihre Nahrung orten.
Tagsüber halten sich die Fledermäuse in dunklen Böden, in Kellerräumen, Kirchtürmen, vereinzelt sogar in dämmerigen Ställen auf. Sie lieben aber besonders Felsenhöhlen oder -spalten, Baumhöhlen, Ruinen, verlassene Gebäude oder ähnlich einsame, dunkle Aufenthaltsstätten. Hier schlafen sie, an ihren Daumenkrallen aufgehängt, Kopf nach unten und eingehüllt in ihre großen Flügel. Kurz vor dem völligen Dunkelwerden kommen sie hervor und beginnen ihre Jagd. Nach Mitternacht, bevor die Morgenkühle eintritt, kehren sie dann zu ihren Schlafstellen zurück. Gerade diese Lebensgewohnheit ist es, die uns die Tiere so wertvoll macht, denn sie jagen in dieser Zeit die nächtlich fliegenden Schädlinge des Waldes und des Obstgartens. Es sind besonders die sogenannten Wickler – z. B. Apfel- und Traubenwickler, Pflaumenwickler usw., die nachts unterwegs sind und von den Fledermäusen gefangen werden. Außerdem fressen sie gerne Schnaken und Mücken, die ja, wie wir wissen, auch nachts munter sind. Und noch ein Nutzen: Der Fledermauskot ist besonders wertvoll für gewisse Pflanzenarten, beispielsweise Kakteen. Bewohnte Höhlen werden deshalb regelmäßig gereinigt und der Kot verwertet.
Die Fledermausmutter gebiert ein bis zwei lebende Junge pro Jahr, die sich nach dem Ausschlüpfen an den Zitzen der Mutter festsaugen und auf den nächtlichen Flügen mitgenommen werden.
Im Winter bevorzugen die Tiere kühle Kellerräume, Höhlen usw.; dort halten sie dann einen fünf bis sechs Monate dauernden Winterschlaf, wobei sie ihre Körperfunktionen, also Temperatur, Atmung, Ausscheidung usw., auf ein Minimum herabsetzen und eine totenstarre Haltung einnehmen. Sie zehren dabei von den Fettvorräten, die sie im Sommer aufgebaut haben.
Was kann man tun, um Fledermäuse in den eigenen Garten zu locken, vor allem aber, um sie dort einzugewöhnen? Wichtige Frage: Gibt es diese Tiere überhaupt noch in der näheren Umgebung? Wieder wird es die Försterei oder die Naturschutzbehörde sein, die hierüber Auskunft gibt. Wohnt man in ländlicher und dazu waldreicher Gegend, so wird die Anfrage heute wieder öfter bejaht werden als noch vor Jahrzehnten.
Wird ein altes Haus mit hohem Giebel bewohnt, braucht man nur ein kleines Giebelfenster, das entgegen der Wetterseite liegen muß, offen zu lassen, um die Chance eines Zuzuges zu haben. Ähnlich ist es mit Gartenhütten, leerstehenden Scheunen usw. Der Bodenraum muß natürlich leer sein und darf nicht betreten werden.
Diese Möglichkeiten sind aber heute selten geworden. Wir erwerben deshalb die bereits erwähnten Fledermausnistkästen oder zimmern uns selber welche. Sie werden 4 bis 5 m hoch in Bäumen aufgehängt, um deren Stamm noch ein

Stachelring zur Abwehr von Katzen und Mardern befestigt wird.
Ja, und dann wird zugewartet. Hat man Glück, so erfolgt die Besiedelung schon nach kurzer Zeit. Tagsüber sind die Tiere nicht zu sehen, nur in mond- oder sternenhellen Nächten sieht man sie um Laub- und Obstbäume herumflattern, wo sie mit blitzschnellen Wendungen im Fluge umherschwirrende Insekten erhaschen.
Schwierig wird es mit der Überwinterung. Die Fledermäuse bleiben nämlich nicht in ihren Kästen, sondern bevorzugen tiefgelegene Höhlen, Stollen, Keller; die Nisthöhlen wären ihnen zu kalt. Dort in den Schlupfwinkeln hängen sie sich dann bevorzugt an Mauervorsprüngen, Holzteilen usw. an der Dekke auf und verfallen in ihre Schlafhaltung.
Hat man im Sommer Fledermäuse festgestellt, so sollte man sich überlegen, ob es möglich ist, im Keller des Hauses einen Überwinterungsplatz zu schaffen. Vielleicht genügt schon ein Teil eines sonst größeren Kellers, ein leerstehender Garagenraum oder ähnliches. Dort befestigt man an der Decke möglichst sägerauhe, rissige Balken und schlägt unter Umständen noch eine Reihe Zimmermannsnägel ein, so daß die Tiere sich daran aufhängen können. Dann muß Ruhe herrschen; dieser Raum oder die abgeteilte Ecke wird nicht mehr betreten. Das Fenster bleibt leicht geöffnet, kann aber auch unbedenklich während der wirklich kalten Monate geschlossen werden. Selbstverständlich muß Katzen ein Zutritt unmöglich sein.
Der Verfasser kennt Gemüsegärtnereien, die sich mit dem Aufhängen von Kästen und der Erstellung von Überwinterungshöhlen große Mühe gegeben haben. Man schwört darauf, daß es den Fledermäusen zu danken ist, wenn in der Umgegend besonders Schäden durch den Kohlweißling so gut wie unbekannt sind.
Eine Bitte: *Helfen auch Sie mit, daß diese Tiere wieder mehr heimisch werden,* wieder mehr Unterschlupfmöglichkeiten finden und helfen Sie mit, die alten Vorurteile gegen die Fledermäuse zu beseitigen.

Unersetzlich bei der Bekämpfung von Erdinsekten

Ordnung:
Insektenfresser – *Insectivora*
Spitzmäuse – *Soricidae*
N:S = 80:20 +++

Sicherlich kennen die wenigsten Spitzmäuse vom Ansehen. Drei Arten sind bei uns heimisch wie auch *äußerst nützlich.* Es sind dies die Kurzschnauzige Feldspitzmaus – *Crocidura leucodon,* die Hausspitzmaus – *Crocidura russula,* sowie auch die Waldspitzmaus – *Sorex araneus* *(siehe Farbbild 56 auf Seite 135)*. Spitzmäuse werden leider von uns allzuleicht mit den Feldmäusen in einen Topf geworfen. Dabei gibt es eine Reihe markanter Unterscheidungsmerkmale: Sie sind kleiner als die Feldmäuse, haben eine recht lange, rüsselartige

Schnauze, an deren spitzen Ende sich ausgeprägte, querabstehende, lange Barthaare befinden. Sie tragen ein dichtes, silbriggraues bis silbrigbraunes Fell, haben kleine Knopfaugen und winzige Ohren. Mit durchschnittlich 20 bis 30 Gramm Körpergewicht zählen sie zu den kleinsten Säugetieren überhaupt. Ihr Stoffwechsel ist enorm, ihr Herzschlag kann bis tausendmal in der Minute erfolgen. Dies ist auch der Grund für ihre Gefräßigkeit. Sie vermögen – und müssen auch – bis zum dreifachen ihres Eigengewichtes pro Tag zu fressen.

Bevorzugte Nahrung sind Erdinsekten und Würmer aller Art sowohl in wie auch auf der Erde. Da es sich um sehr angriffslustige Tiere handelt, wagen sie sich aber sogar an Feldmäuse heran, töten diese oder vertreiben sie aus dem Revier.

Sind die Fledermäuse so wichtig für die Nachtjagd, so sind die Spitzmäuse fast unersetzlich gegen Erdinsekten, also in einem Bereich, wo andere Nützlingsarten gar nicht hinkommen. Sie gehören deshalb geschützt und dürfen nicht mit Fallen gejagt werden. Ihre hauptsächlichen Feinde sind die Eulen, mitunter Ratten und natürlich auch Katzen. Die Gefahr durch Katzen ist aber gering, denn die Spitzmäuse schlafen tagsüber in ihren unterirdischen Bauten; erst in der Nacht gehen sie auf Nahrungssuche. Man vermutet, daß sie über ähnliche Ortungsmöglichkeiten verfügen wie die Fledermäuse, d.h. einen eigenen Radar.

Leider sind Komposthaufen bevorzugte Aufenthaltsorte der Spitzmäuse. Hier dringen sie von unten herein und fressen begierig die Regenwürmer. Abhilfe: Bei jeder Anlage eines Kompostplatzes ist sowohl ein Silo wie auch ein Komposthaufen, *von unten,* durch ein unterlegtes Drahtsieb mit einer feinen Maschenweite von höchstens 1 cm^2 zu sichern. Die Ränder dieses Gitters zieht man seitlich noch etwa 20 cm hoch und biegt sie nach außen wieder um.

Außer als daß die nützlichen Spitzmäuse zukünftig nicht mehr als Feldmäuse angesehen und verfolgt werden, kann man sie nicht besonders pflegen und vermehren. In jedem Garten finden sie so viel Nahrung, daß, läßt man sie in Ruhe, sie dort ortsständig bleiben. Schutz heißt also: die Tiere kennen.

Igel – *Erinaceus europaeus*
N:S = 60:40 +

Wohl in jedem Gartenbuch wird der Igel als ganz besonders nützliches Tier genannt. Sicher, das ist er auch, zählen doch Insekten und Würmer zu seiner bevorzugten Nahrung. Genauso gerne frißt er aber auch kleine Blindschleichen, Schlangen, Frösche, ja angeblich sogar kleine Vögel und, wenn es sich um Bodenbrüter handelt, auch Vogeleier. Das Verhältnis von Nutzen und Schaden ist also gar nicht so überwältigend. Entgegen den meisten Beschreibungen läßt sich der Igel auch nicht zähmen, und das stets empfohlene

Schälchen Milch ist seinen Nahrungsgewohnheiten direkt zuwider.
Doch der Reihe nach: Der Igel gehört mit zu den ältesten Säugetieren auf unserer Erde, man schätzt, daß er sie schon seit ca. 60 Millionen Jahren bewohnt. Er hat sich also seiner Umwelt durch die Tarnfarbe, seinen Stachelschutz wie auch seine Vermehrungsfähigkeit – das Weibchen wirft meist zweimal im Jahr etwa fünf Junge – hervorragend anpassen können. Feinde hat er wenig, diese sind vorwiegend der Fuchs, der große Uhu und Hunde. Da der Fuchs törichterweise bei uns immer mehr ausgerottet wird und der Uhu selten wurde, ist heute der Mensch der größte Feind des Igels geworden. Zwar liebt er seinen stacheligen Freund durchaus, aber, sitzt er im Auto, wird der Igel achtlos totgefahren! Jeder von uns weiß vom Massenmord an Igeln auf unseren Landstraßen. Passen wir doch etwas mehr auf! Leider liebt der Igel Straßen deshalb besonders, weil sie die Wärme des Tages speichern und er dort auch Nahrung, beispielsweise Schnekken, findet. Sieht er dann Gefahr auf sich zukommen, so flüchtet er keineswegs, sondern tut das, was seine Vorfahren Millionen Jahre lang schützte: er rollt sich ein – und wird dann überfahren.
Üblicherweise lebt der Igel im Wald, bevorzugt an Waldrändern, in dichten Wiesen und natürlich auch in Gärten. Sind sie groß genug, haben viel Buschwerk, lockeres Laub, in dem er sich tagsüber verstecken kann, so bleibt er

Der Igel – *Erinaceus europaeus* – ist ein unsteter Geselle und wird nicht leicht heimisch.

auch, aber selten für immer. Auch er sucht seine Nahrung in der Dämmerung, in der Nacht, und frißt alles, was er nur verwerten kann. Tagsüber schläft er.
Der Igel ist ein possierliches Tierchen, und daher ist es auch verständlich, daß wir ihn gerne bei uns im Garten halten wollen. Der Igel ist aber ein Wanderer und legt dabei sogar weite Strecken zurück. Nur in der Zeit der Aufzucht der Jungen werden wir ihn eventuell an uns gewöhnen können. Dann aber nicht mit Milch – dieses Märchen gehört aus der Welt geschafft –, sondern mit Wasser, denn er trinkt, genau wie alle anderen wildlebenden Tiere, Wasser. Wenn wir ihm aber auf einem Holzbrettchen kleingeschnittene Fleischbrocken, durchgedrehtes Fleisch oder ähnliches hinstellen – dann haben wir die Chance, daß er bleibt, denn solche Gaben liebt er

ganz besonders. Im Winter holen wir ihn *nicht* ins Haus, dort würde sein Winterschlaf viel zu oft gestört werden. Er braucht eine dichte Hecke mit viel Laub oder Gras darin, einen verwilderten Hang oder ähnliches, um sich dort sein Winternest zu bauen. Dieses polstert er schön aus, rollt sich ein und verschläft einfach die kalte Jahreszeit. Erst im März wacht er wieder auf. Ein solches Nest ist zugleich auch die Wohnstube, in der die Jungen aufgezogen werden.

Nur wenn unser Garten sehr groß ist, reichlich Gehölz, Laubwerk, Hecken, ungeschnittene Grasflecken usw. besitzt, d.h. also genügend geeigneten Lebensraum enthält, kann es möglich sein, daß ein Igel heimisch bleibt.

Gibt es im Garten einen Tümpel mit Fröschen darin, wurden Blindschleichen festgestellt, werden etwa Hühner gehalten und Küken selber aufgezogen oder gibt es viele Vogelarten, die ihre Nester am Boden bauen – so sollte man froh sein, wenn der Igel abwandert, denn unter diesen Tieren richtet er argen Schaden an. Am besten ergreift man ihn und setzt ihn an einem Waldrand aus.

Ein Hinweis noch: Der Igel nimmt bevorzugt lebende Nahrung an. Selbstverständlich vertilgt er dabei auch Schnecken. Entgegen vieler anderslautender Darstellungen bevorzugt er Schnecken durchaus nicht – zwei bis drei genügen ihm am Tage, mehr nimmt er nicht. Die Gefahr, daß er mit Schneckenkorn vergiftete Schnecken frißt, besteht nicht; bereits tote Tiere werden von ihm gemeiden.

Maulwurf – *Talpa europaea*
Trotz vieler anderslautender Meinungen: N:S = 80:20 ++

Hier wird sich der Verfasser kurz fassen, denn es gibt wohl keinen Gärtner, der den Maulwurf nicht zumindest aus seinem Garten vertreiben möchte. Auf seinen Nutzen soll aber hingewiesen werden: Dieses Tier baut sich unter der Erde ein raffiniertes Gangsystem, das täglich von ihm mehrmals begangen – in der Fachsprache sagt man »befahren« – wird. In den Gängen sammeln sich erhebliche Mengen an Erdinsekten, Würmern wie auch Engerlingen an. Diese werden dann vom Maulwurf gefressen. Schaden am Wurzelwerk unserer Nahrungs- oder Gartenpflanzen übt er nicht aus.

Daß seine großen runden Haufen mit *mittelständigem* Loch – er kann am Tage bis zu 100 m Gänge und dabei bis zu 30 Haufen bauen – einfach ärgerlich sind, ist unbestritten. Seine Gänge liegen aber im allgemeinen recht tief. Es genügt eigentlich, den Haufen mit einer Schaufel abzutragen und die Erde zu

47 Kohlmeise – *Parus maior.*
48 Kleiber – *Sitta europaea.*
49 Star – *Sturnus vulgaris.*
50 Dompfaff – *Pyrrhula pyrrhula.*

47

48

49

50

Trotz seines vielfach zweifelhaften Rufes ist der Maulwurf – *Talpa europaea* – für den Gärtner ein sehr nützliches Tier.

verteilen. Das offengelegte Loch wird von ihm wieder zugestopft werden, ohne daß er einen neuen Haufen errichtet. Seine Gänge bleiben dabei erhalten. Wohnt man in einem Gebiet mit vielen Engerlingen, so empfiehlt sich diese Methode, anstatt daß man den Maulwurf vertreibt.

In gar keinem Fall darf ein Maulwurf getötet werden, so etwa durch Einlegen von giftgaserzeugenden Mitteln in die Gänge. Es genügt, wenn wir ihn verteiben. Sei es durch Einlegen von *Karbid*brocken (Calciumcarbid), durch Einlegen von aufgeschnittenen Knoblauchzehen, durch Eingießen von Zwiebelbrühe oder ähnlichen scharf riechenden Essenzen in die Gänge. Die Anwendung von mit Petroleum getränkten Lappen lassen wir bleiben – damit verseuchen wir ja nur unseren eigenen Boden. Auch Lärm mag der Maulwurf nicht; täglich mehrmaliges kräftiges Beklopfen des Bodens mit der Schaufel läßt ihn mit der Zeit auch abwandern.

Oben links: Halbhöhle für Nischenbrüter. – Oben rechts: Fledermauskasten. – Unten links: Niströhre für Steinkauz. – Unten rechts: Silofutterhaus.

Gegen die Mäuseplage

Ordnung:
Raubtiere – *Carnivora*

Raubmarder, Wiesel – ***Mustelinae***
N:S = 60:40 +

Sowohl das bei uns heimische ca. 25 cm lange Wiesel, auch Mauswiesel – *Mustela nivalis (siehe Farbbild 57 Seite 135)* – genannt, sowie sein größerer Bruder, das Hermelin – *Mustela erminea,* leben hauptsächlich von Mäusen und Ratten. Gern werden aber auch Vogeleier, junge Vögel, Frösche und sogar junge Hasen als Nahrung verspeist. Trotzdem ist sein Nutzen höher als sein Schaden, ganz besonders, nachdem die Füchse als Mäusejäger ja immer mehr ausgerottet werden.

Daß ein Wiesel sich in den Garten verirrt, wird nur vorkommen, wenn man in Nähe eines Waldes, oder eines freien, großräumigen Ackergebietes wohnt. Auch wird es nicht ortsfest bleiben, denn es räumt im allgemeinen recht schnell mit der Mäuseplage auf und wandert dann wieder weiter.

Wir betrachten das Wiesel nicht als Schädling, jagen es nicht, stellen keine Fallen, sondern sehen es als Nützling an, besonders wenn wir unter Mäuse- oder Rattenplage zu leiden haben. Seine Jagdzeit ist nachts, dann allerdings wird es so frech, daß es auch auf Dachböden kommt, in Keller geht, um dort die Hausmäuse bzw. die im Winter eingewanderten Feldmäuse zu vertilgen.

Nur wenn auch Hühner gehalten werden, heißt es aufpassen: Dringt ein Raubmarder in einen Stall ein, so mordet er in einem Blutrausch mehr, als er fressen kann, richtet also großen Schaden an.

Wir legen ein Biotop an

Immer wieder taucht in den Beschreibungen der Lebensbedingungen fast aller Gartennützlinge der Begriff Biotop auf. Was verstehen wir hierunter?

Zitieren wir zunächst den Brockhaus, dort ist zu lesen: »Biotop (griechisch, topos = Ort, Stätte) Lebensstätte, d. h. durch seine besonderen Gegebenheiten wohlcharakterisierter, abgrenzbarer Raum, der auf Grund seiner spezifischen Verhältnisse die Lebensstätte einer Biozönose darstellt (z. B. Bach, See, Strand, Moor, Wiese, Wald usw.), wobei Biotope verschiedener Qualität und Größe ineinander übergehen können.« Und unter »Biozönose« versteht man eine Lebensgemeinschaft von Organismen.

Sagen wir es einfacher: Ein Biotop ist ein natürlicher Lebensraum innerhalb des Gartens, in dem wir Lebensbedingungen für Pflanzen und Tiere schaffen, die denjenigen der freien Natur möglichst nahe kommen. Ich möchte es ganz schlicht als »gepflegten Urwald« bezeichnen. Das Wörtchen »gepflegt« ist mit Absicht gebraucht. Würden wir nämlich in einem solchen Gartenstückchen überhaupt nicht mehr eingreifen, so entstünde in kurzer Zeit wohl ein wirklicher Urwald, der dann in seiner Funktion auch nicht mehr ideal wäre. Insbesondere würden die stark wachsenden Pflanzen bald alle anderen unterdrückt haben, so daß die von uns gewünschte Pflanzenvielfalt, die ja der eigentliche Sinn eines solchen Wildfleckens ist, sehr leiden würde.

Doch der Reihe nach: Ein Biotop ist für einen naturgemäßen Garten schlichtweg unerläßlich. Der hierfür geopferte Platz ist keineswegs verloren, sondern dient, ähnlich wie der Kompostplatz, zur Gesunderhaltung des Gartens. Dabei kann uns aber ein »gepflegtes« Biotop noch mehr sein: Ein Lehrstück über die Vielfalt der Natur, über ihre Lebensvorgänge, Regenerationsfähigkeit, kurz, ein überaus interessanter Beobachtungsort. Und – ein solcher Ort ist in seiner Weise auch schön, wenn wir es verstehen, bei der Auswahl der Pflanzen richtig vorzugehen.

Wie groß muß ein Biotop sein? Das hängt natürlich von unserer Gartengröße ab, vom Umfang unseres wirtschaftlich zu nutzenden Platzes, also der Gemüsebeete, der Obstanlage, aber auch

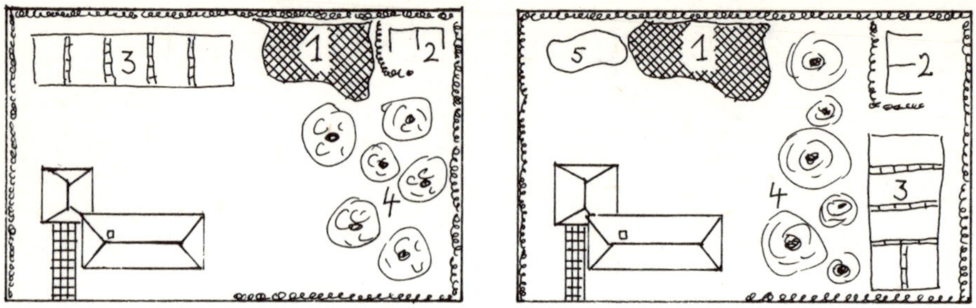

1=Biotop 2=Kompostplatz 3=Gemüse 4=Obstbäume 5=Teich

Drei Beispiele, wie sich ein Biotop in einen Nutz- und Ziergarten sinnvoll eingliedern läßt.

inwieweit der einzelne einen solchen Wildplatz als zumutbar, sogar als schön empfindet.

Die Mindestgröße beträgt wohl 20 bis 25 m^2. Das heißt rund fünf Prozent eines Gartens von 400 bis 500 m^2 Größe, wie sie wohl in der Mehrzahl vorhanden sind. Können wir uns 50 m^2 leisten, so wäre dies vorzüglich, mehr als 100 m^2 ist selbst bei einer Gesamtgartengröße von beispielsweise 3000 m^2 – und wer hat die schon? – nicht nötig. Im Verhältnis zur Gartengröße sinkt also prozentual der für ein Biotop zu reservierende Raum. Hinzurechnen können wir im Grunde noch jede dichte Hecke, Buschwerk, Laubbäume usw., soweit sie nicht gespritzt, übermäßig geschnitten, gedüngt oder sonstwie von uns behandelt werden. Das Biotop wird dadurch von sich aus vergrößert.

Wo legen wir diesen Wildflecken an? Ideal wäre eine direkte Anlehnung an den Kompostplatz, am Rand des Gartens, jedoch möglichst dicht bei den Gemüsebeeten und Obstgehölzen. Diese Platzfrage ist so individuell auf jeden einzelnen Garten abzustimmen, daß mehr als diese allgemeine Empfehlung hier eigentlich nicht gegeben werden kann. Die obigen Skizzen geben einige Anregungen. Nur das sei erwähnt: Verbannen Sie ein Biotop an den äußersten Winkel ihres Gartens, so werden Sie unter Umständen weniger von ihm haben als Ihre Nachbarn, denn logischerweise wird ja der Nutzeffekt dieses Platzes kreisförmig um ihn herum liegen.

Ist bereits ein Garten mit Hecken, Stauden und Sträuchern angelegt, so kann man selbstverständlich einen Teil dieser Anlage verwenden und dann zusätzlich noch einige Anpflanzungen vornehmen. Es ist aber für den Leser verständlicher, wenn hinsichtlich der Bepflanzung von einer völligen Neuanlage ausgegangen wird, um die Pflanzenauswahl zu charakterisieren. Wir setzen

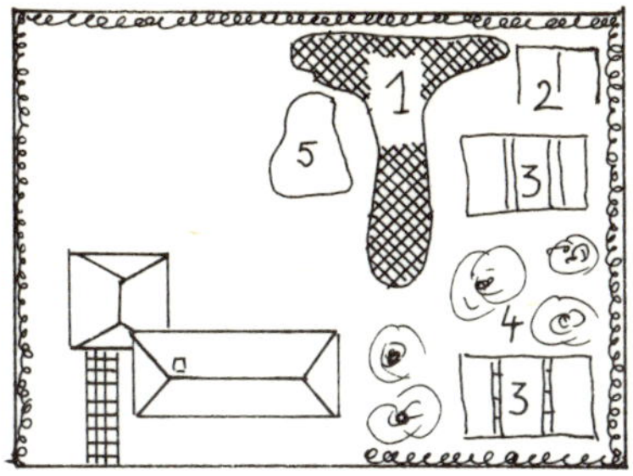

voraus, daß ein Platz von 50 m^2 zur Verfügung gestellt werden kann; die Gartengrenze ist bereits mit einer Hekke, sagen wir einer Hainbuchenhecke, versehen. Der Boden ist offenes Erdreich. Zunächst wird die Abgrenzung des Biotopes festgelegt. Sie sollte niemals geradlinig, rechteckig oder sonst symmetrisch sein – das paßt einfach nicht zu einem solchen Stückchen Natur; wir wählen weiche, kurvige Grenzlinien. Und nun pflanzen wir ein:
Bäume: einen Vogelbeerbaum, also eine Eberesche *(Sorbus)*, eine Tanne oder Fichte und eine Hainbuche.
Sträucher: einen Holunderstrauch *(Sambucus niger)*, einen Rot- oder Weißdornbusch, zwei großwüchsige Schwarze Johannisbeerbüsche, Haselnußsträucher – zwei Sorten, da es sonst keine Früchte gibt.
Wir pflanzen *keine* Wildrosensträucher, Brombeeren, Himbeeren oder ähnliches an; einmal da Vögel in den sehr dornenbewehrten Wildrosen ungern nisten oder Schutz suchen, zum anderen, da diese Gewächse unser Biotop in kurzer Zeit überwuchern würden.
Die hier genannte Auswahl an Bäumen und Büschen ist natürlich nur eine Anregung, es sollte jedoch stets eine Mischung gepflanzt werden aus solchen Gewächsen, die auch Früchte tragen, Vögeln Schutz und Unterschlupf bieten, die eine Höhe erreichen, daß man Vogelnistkästen anbringen kann und die solche Früchte hervorbringen, die die Vögel gerne annehmen. Bei den Büschen ist die Auswahl dahingehend zu treffen, daß sie ebenfalls Nistgelegenheiten bieten und bis zu 3 m hoch werden können.
Wachsen Bäume oder Büsche zu hoch, so werden sie gekappt, am Umfang etwas beschnitten, bleiben aber sonst völlig unbehandelt. Sie werden also nicht ausgedünnt, totes Astwerk wird nicht entfernt, und natürlich wird niemals gespritzt.
Die hier genannte Baum- und Buschmenge stellt für die 50 m^2 bereits ein Maximum dar; es soll ja auch noch Sonne auf den Boden kommen und Platz für Gräser und Blumen bleiben. Nach 10 Jahren muß wohl der eine oder andere Baum bzw. Busch sogar gerodet werden.
Bei den Bodenpflanzungen unterscheiden wir zwischen den randständigen, möglichst ausdauernden Blütenpflanzen und den Gräsern sowie Kleinblumen im Inneren des Biotopes. Die Umrandung sollte also ein Übergang vom Ziergarten zum Wildflecken darstellen. Hier setzen wir hochwachsende Stau-

den ein, wie wir sie als Wildpflanzen auch an den Waldrändern vorfinden. Als Anregung mag dienen: Fingerhut, Weidenröschen, Eisenhut, Akelei, Liliengewächse, Ginster, Glockenblumen, hochstieliger Türkenbund, Mohn, einige Malven. Selbstverständlich dürfen Lavendel, Baldrian, Boretsch, als Beispiele für Gewürz- bzw. Heilkräuter nicht fehlen.

Etwa ein Drittel der Randbepflanzung besteht jedoch aus Doldenblütlern, da diese von Nützlingsinsekten bevorzugt aufgesucht werden. Hier seien genannt: Schierling, Kerbel, Bibernelle, Fenchel, Bärwurz, Kümmel, Liebstöckel, Meisterwurz, Möhrenarten. Es sind Pflanzen, die wir zum Teil auch für die Küche verwenden können.

Insgesamt also eine schöne, bunte Mischung möglichst hoch wachsender Blütenpflanzen, die den ganzen Sommer lang unser Biotop einrahmen. Es ist eine Pflanzenauswahl, wie wir sie oft im sprichwörtlich »gesunden Bauerngarten« vorfinden.

Alle Pflanzen besorgt man sich in der Gärtnerei – sie in der Natur zu suchen, wäre etwas umständlich oder auch verboten, da einige unter Naturschutz stehen.

Im Inneren des Biotopes gehen wir etwas anders vor. Hier bemühen wir uns, Gräser, Wildblumen und Wildkräuter anzusiedeln, wie sie am Waldrand und im Wald selbst zu finden sind. Auch Heilkräuter sollten nicht fehlen. Nur als Beispiel seien genannt: einige Farne, auch etwas Moos. Ehrenpreisarten, Wintergrün, Nestwurz, Springkraut, erneut auch etwas Fingerhut, vielleicht eine Tollkirsche, ein wenig Kamille, noch einmal einen Lavendelstrauch, Boretsch und ebenfalls auch hier möglichst viele wilde kleine Doldenblütlerarten. Wir machen uns dabei die Mühe, diese Pflanzen im Wald *mit ihrem Erdballen* sorgfältig auszuheben und im Biotop einzusetzen. Vermehren müssen sie sich dann von allein. Es soll also versucht werden, eine bunte Waldmischung möglichst vieler blühender Pflanzen zu bekommen, die die Aufgabe haben, die verschiedensten Insekten anzulocken und zum Bleiben aufzufordern. Bleibt noch Platz frei, so sät man hier eine Klee-Gras-Mischung ein, die es fertig zu kaufen gibt.

Soweit zur Pflanzengemeinschaft. Es kommt also nicht so sehr auf das *Was* an, sondern auf die *Vielfalt.* Selbstverständlich müssen die ausgewählten Pflanzen zum Erdreich, also zu den Bodenverhältnissen, und zum Klima passen, sonst würden sie sich nicht vermehren.

Kommen wir nun zur »Einrichtung« des Biotopes: Bei 50 m^2 Größe errichten wir in genügender Entfernung voneinander zwei locker aufgeschichtete *Steinhaufen*, Durchmesser ca. 70 cm bis 1 m, Höhe 50 bis 80 cm, auch mit Brettstückchen versehen, so daß im Inneren Hohlräume entstehen. Von oben bedecken wir sie mit etwas Erde und pflanzen hier gegebenenfalls einige genügsame Steinpflanzen an. Das Erdreich *unter* den Steinhaufen sollte lok-

ker und weich sein, eventuell wird es also mit einer Grabegabel entsprechend vorbereitet. Diese Steinhaufen bieten Eidechsen, Blindschleichen usw. Schutz, Quartier und Nistgelegenheit.
Des weiteren wird ein *Reisighaufen* angelegt, mindestens 1 m^2 groß, etwa 1 m hoch, locker aufgeschichtet; er kann einfach aus abgeschnittenen Zweigen von Bäumen oder Hecken bestehen. Ein solcher Haufen bietet insbesondere dem Igel, aber im oberen Teil auch Kleinvögeln guten Unterschlupf. Durch seine fortlaufende Verrottung entwickelt sich in ihm zugleich ein reiches Kleintierleben mit allen möglichen Arten an Würmern und Käfern.
Auf dem Boden, und zwar an einem schattigen Platz, also unter einem Baum oder einem Busch, legen wir ein bis zwei große *Holzkloben* bzw. *Stammstücke mit Rinde.* Obstholz ist ideal, ebenfalls Holz von Laubbäumen. Nadelholz wird wegen seiner hohen Harzanteile von den Insekten, die wir hier ansiedeln wollen, weniger geschätzt.
Sind die Bäume bereits hoch genug, hängen wir in ihnen *Nisthöhlen* für die verschiedensten Vogelarten auf, vielleicht auch Höhlen für Fledermäuse (mindestens 3 m über dem Boden).
Am Rand des Biotopes, also leicht zugänglich vom anderen Gartenteil, errichten wir dann noch ein bis zwei *Wasserstellen,* wie sie weiter vorne im Buch beschrieben wurden.
Mitten im Biotop wird an zwei bis drei Stellen ein kleiner *Sandplatz* eingerichtet, in dem man etwa einen 10-Liter-Eimer voll Sand oder sehr weicher, sandiger Erde auskippt und etwas verteilt, so daß eine ca. 3 cm hohe Sandschicht den Boden bedeckt. Wir schaffen diese Flecken zur Eiablage bestimmter Nützlingsinsekten.
Das wärs. Ist alles sorgfältig eingepflanzt und natürlich in der Anwachsperiode auch gründlich bewässert worden, läßt man anschließend diesen Platz *völlig in Ruhe!* Es wird also kein Laub weggeharkt, kein Gras geschnitten, kein Strauch ausgedünnt, keine abgeblühte Blume entfernt. Muß eine ordnende Hand eingreifen, so geschieht dies lediglich in der Winterszeit, niemals jedoch in der Vegetationsperiode im Sommer. Gegossen wird nur bei übergroßer Trockenheit, wenn sonst die Gefahr bestünde, daß zuviel der Flora verdursten könnte.
Jetzt heißt es zuwarten. Kommen die Bewohner, siedeln sich zunächst die Vögel, vielleicht auch Reptilien von selber an? Kommt möglicherweise sogar ein Igel vorbeigewandert, findet sogar eine Natter den Weg in den Garten und, vor allem, kommen die Insekten?
Sie kommen! Natürlich nicht sofort, sondern nach und nach. Die Gelegenheit jedoch, ein unberührtes Stück Natur vorzufinden, ist für fast alle der in diesem Buch erwähnten Nützlinge so günstig, daß sie so ein wunderschönes Wohngebiet, wie wir es ihnen geschaffen haben, mit Sicherheit besiedeln werden. Hier haben sie Ruhe, hier werden sie nicht durch Spritzmittel getötet oder vertrieben, hier finden sie Nahrung,

Unterschlupf und gute Fortpflanzungsbedingungen.

Einzige Arbeit: Die Vogeltränke sollte stets mit *klarem* Wasser gefüllt sein, so daß gerade die kleineren Vogelarten es sich zur festen Gewohnheit machen, bei uns im Garten zu trinken, sich zu baden.

Das Biotop wird sich in relativ kurzer Zeit noch mit Gräsern, Wildblumen, mitunter sogar auch mit größeren Pflanzen besiedeln. Die Samen kommen durch die Luft geflogen oder werden von Vögeln verbreitet. Man wundert sich oft, woher diese oder jene Pflanze den Weg in den Garten gefunden hat. Selbstverständlich wird hier nichts geändert oder ausgerupft, denn die so sich selbst ansiedelnde Flora ist wichtiger noch als alles das, was wir eingesetzt haben.

Ein solches Biotop kann, ja sollte auch ein Beobachtungsplatz sein. Was fliegt denn da? Was wächst eigentlich in meinem Garten? Es gibt viele gute Bestimmungsbücher, die hierüber Auskunft geben.

Und wenn Pilzkrankheiten oder tierische Schädlinge das Biotop überfallen? Nichts wird getan! Selbst wenn einmal diese oder jene Pflanze eingehen sollte, wir beherrschen uns und »helfen« nicht. Die Natur soll und muß sich an diesem Ort selber helfen, denn nur so wird der Aufbau einer genügend großen Nützlingsvielfalt gelingen.

Rechte Seite:
Oben: Sorgfältiges Planieren und Vermessen sind notwendig, wenn die Teichanlage lange halten soll. – Unten links: Verlegen der nach den Bestellermaßen fertig geschweißten Folie. – Unten rechts: So sieht der Teich nach einem Jahr aus.

Seiten 134/135:
51 Blindschleiche – *Anguis fragilis.*
52 Erdkröte – *Bufo vulgaris.*
53 Mauereidechse – *Podarcis muralis.*
54 Alpenfledermaus – *Pistrellus mathusii.*
55 Ohrwurm – *Forficula auricularia.*
56 Waldspitzmaus – *Sorex araneus.*
57 Mauswiesel – *Mustela nivalis.*

51

52

53

54

55

56

57

Ein Teich im Garten

Sofern nicht Platzverhältnisse, also Gartengröße, ungünstige Lage des Gartens o. ä. die Anlage eines kleinen Teiches ausschließen, so sollte auch versucht werden, *am Rand eines Biotopes* einen solchen anzulegen. Darunter wird nun keinesfalls ein richtiger großer Teich, vielleicht sogar mit einer Tiefe, daß man darin baden könnte, verstanden, sondern wirklich nur ein kleiner Tümpel. 3 bis 5 m^2 genügen bereits, bepflanzt natürlich mit Wasserpflanzen. Im biologischen, im naturgemäßen Garten hat ein solcher Teich eine klare Funktion: Tränke für Vögel, Aufenthalts- und Brutplatz für Lurche sowie Nist- und Aufenthaltsort für vielerlei Insekten.

Dabei ergeben sich einige Folgerungen:

- Der Teich muß flache Ufer haben.
- Für die Selbstreinigung des Wassers müssen Wasserpflanzen angesiedelt sein.
- Zwei Drittel der Uferzone ist bepflanzt, ein Drittel bleibt offen, unbepflanzt.
- Der Teich muß so frei liegen, daß er *mindestens einen halben Tag* lang Sonneneinstrahlung bekommt.

Oben: Gartenteich in Hanglage: Vorn Flachzone, anschließend das eigentliche Becken. – Unten: Teich in Hausnähe. Zulauf aus Dachrinne, Ablauf in eine Flachzone.

- Dem Teich vorgeschoben ist ein Feuchtgebiet.

Alle diese Forderungen werden erfüllt, wenn man sich die Vorschläge der nachstehenden Skizze zu eigen macht. Hier findet man ein Feuchtgebiet von 2 bis 3 m^2, übergehend in einen kleinen Teich. Dieser ist in den Randzonen flach gehalten, eine zweite, nur wenig tiefere Zone ist für die Wurzelzone reserviert, eine kleine Tiefzone ist für Seerosen gedacht.

Fische werden nicht angesiedelt; sie würden nur für ständige Wasserverschmutzung sorgen. In einem solchen Teich sollen Vögel baden; sie kommen aber auch ständig zum Trinken hierher. Es können hier Frösche leben, Lurche oder Schlangen sich benetzen. Ihn benutzen mancherlei Insektenarten zur Eiablage und – er sieht auch noch hübsch aus. Da der Teich flache Ränder hat, bleibt das Wasser im Winter darin, im Sommer wird stets nur für Nachfüllung gesorgt: Man läßt, besonders wenn es nicht geregnet hat, einmal am Tage durch das Feuchtgebiet hindurch ein wenig Wasser *langsam* nachlaufen.

Sonst aber wird das Wasser nicht behandelt, nicht gereinigt, nicht umgepumpt und niemals mit Chemikalien irgendwelcher Art versetzt. Besteht die Möglichkeit, die Wasserzufuhr über

Regenwasser zu regulieren, so wäre dies ideal. Die Industrie hat eine Reihe recht praktischer Geräte hierfür entwickelt, die an die Dachrinnen bzw. -rohre angeschlossen werden. Das Wasser wird dann zunächst in einer Tonne gesammelt und kann so nach und nach dem Teich zugeführt werden.

Bei der Erstbefüllung eines Teiches wird sich zunächst durch die Pflanzerde eine kräftige Algenentwicklung und dadurch eine Trübung des Wassers einstellen. Je nach Größe, Bewuchs, Temperatur usw. wird diese Periode ca. 6 bis 8 Wochen dauern. Langsam wird das Wasser dann klarer und bleibt auch für den Rest des Sommers sauber. Trübstoffe haben sich abgesetzt, der Pflanzenbewuchs innerhalb des Teiches sorgt für das ökologische Gleichgewicht und hält das Wasser klar.

Immer wieder taucht die Frage auf, wie der Untergrund einer solchen Anlage beschaffen sein muß. Der Verfasser rät zur Plastikfolie. Dies nicht nur aus Preisgründen, sondern auch wegen der besseren Möglichkeit zum Selbstbau. Denn wer hat schon eine Zementmischmaschine? Vor allem aber aus folgender Überlegung: Man legt sich einen schönen Teich an, legt die ausgehobene Mulde sorgfältig mit Drahtgewebe aus und betoniert nun. Auch mit nachbarlicher Hilfe ist dies eine schweißtreibende Arbeit mit viel Aufwand, Materialverbrauch und Schmutz. Mit Sicherheit passiert folgendes: Entweder bekommt auch bei sorgfältigster Arbeit und Abdichtung ein solcher Teich nach einigen Jahren Risse, durch die dann viel Wasser fortläuft. Also, man muß ausräumen, ausspitzen, Fugen füllen usw. und dann alles wieder frisch anpflanzen. Oder aber – und das wird auch regelmäßig der Fall sein – die Anlage ist doch etwas zu klein geraten, das Feuchtgebiet sollte lieber links statt, wie jetzt, rechts stehen, die Tiefzone soll größer werden, man möchte doppelt so viele Seerosen anpflanzen – und was dergleichen Wünsche mehr sind. Jetzt muß bei einem Betonuntergrund natürlich ein Preßlufthammer her, und die Veränderung kommt fast einer Neuanlage gleich.

Anders dagegen bei Plastikfolie. Das Ausheben des Untergrundes macht kei-

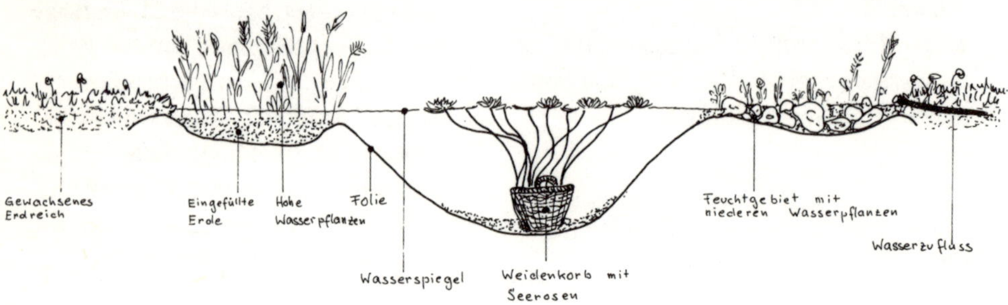

Vorschlag für die Anlage eines Gartenteichs: Länge ca. 3 m, Breite ca. 1,5 m, Tiefe bis ca. 1 m. Das Feuchtgebiet ist bis ca. 30 cm tief.

ne Probleme. Fertigt man eine maßstabsgetreue Skizze an, so wird sogar die Folie paßgerecht geliefert. Sie hält mindestens zehn Jahre. Das Einlegen und die Randgestaltung machen ebenfalls keinerlei Probleme. Die Folie ist witterungsbeständig und wird, beachtet man die Hinweise der Hersteller, von Pflanzenwurzeln, Mäusen usw. nicht beschädigt. Will man bei einem Folienteich etwas ändern, so ist es ein Kinderspiel gegenüber den Änderungsarbeiten bei Betonuntergrund. Kurz, der Verfasser rät zu einer Teichfolie eines guten Herstellers. Diese Firmen sind in den meisten Fällen zugleich Lieferanten der Teichbepflanzung, sie geben auch für die Herstellung einer Anlage und für ihre laufende Unterhaltung die entsprechenden Ratschläge. Lieferantenhinweise siehe Anhang.

Die Bepflanzung eines Feuchtgebietes und der Teichränder kann mannigfaltig sein, hier unterrichtet man sich aus Spezialbüchern (siehe Literaturhinweis) oder aus den Werbeprospekten der Folienlieferanten. Stets sollte man auch versuchen, eine Seerose anzusiedeln, gewissermaßen als Krönung der Anlage.

Ein solcher Gartenteich ist *nicht zum Baden* da, er wird genauso in Ruhe gelassen wie das Biotop. Es werden auch, wie schon gesagt, keine Fische darin ausgesetzt. Warum? Einmal sorgen Fische durch ihr permanentes Gründeln ständig für Wassertrübung. Sie benötigen ferner ausreichend frisches Wasser mit notwendigem Sauerstoffgehalt. Dies bedingt eine ständige Regeneration oder Erneuerung des Wassers, das aber wiederum ist weder für den Pflanzenwuchs noch für die anderen Bewohner von Vorteil. Zum dritten fressen die Fische viel zu viele Insektenlarven, die wir ja gerade in diesem Teich aufziehen wollen; sie stören also unsere Nützlingsentwicklung. Außerdem: Wo bleiben sie im Winter? In einer Badewanne in der Waschküche? Sicherlich keine elegante Lösung. So sehr also auch Kinder betteln mögen, Goldfische kommen nicht hinein!

Genauso verzichtet man auf die anderen netten Spielereien wie Springbrunnen, Wasserspeier, elektrische Unterwasserbeleuchtung und was es an derartigen Sachen sonst noch gibt. *Unser Teich gehört zum Biotop.* Er hat eine Funktion, er soll uns im Garten helfen. Diese Überlegungen haben Vorrang vor allen anderen.

Und noch ein Hinweis: In der ersten Freude über eine Teichanlage wird meistens viel zu groß disponiert! Auch für einen großen Garten und demzufolge ein großes Biotop genügen die erwähnten 3 bis 5 m^2 wirklich. Macht die ganze Anlage solchen Spaß, ist die Freude an den Wasserpflanzen wirklich so groß, nun, so kann man in späterer Zeit doch immer noch einen zweiten Teich direkt neben den ersten anlegen und die beiden durch ein Feuchtgebiet miteinander verbinden. Man vermeide aber den Fehler, von Anfang an eine zu große Anlage zu erstellen. Klein anfangen und nach und nach vergrößern, das ist besser.

Literaturhinweise

Bücher

Allgemeines

Franck, Gertrud: Gesunder Garten durch Mischkultur; Südwest, München

Siebeneicher, Georg E. (Hrsg.): Neues großes Gartenlexikon; Südwest, München

Snoek, Helmut: Gesunde Pflanzen im Zier- und Nutzgarten; Südwest, München

Insekten

Chinery, Michael: Insekten Mitteleuropas; Parey, Hamburg

Engel, Fritz Martin: Das große Buch der Insekten; Keyser, München

Franz, Jost M., und Aloysius Krieg: Biologische Schädlingsbekämpfung; Parey, Hamburg

Fritzsch u.a.: Angewandte Entomologie; Fischer, Stuttgart

Hoeher/Bellmann: Insekten im Kreislauf der Natur; Lehmann, München

Jacobs, Werner, und Maximilian Renner: Taschenlexikon zur Biologie der Insekten; Fischer, Stuttgart

Der Kosmos Insektenführer; Franckh, Stuttgart

Weber, Hermann: Lehrbuch der Entomologie; Fischer, Stuttgart/Koeltz, Königstein

Weber, Hermann, und Herbert Weidner: Grundriß der Insektenkunde; Fischer, Stuttgart

Vögel, Säugetiere, Lurche

Arnold, Edwin N., und John A. Burton: Pareys Reptilien- und Amphibienführer Europas; Parey, Hamburg

Austin, Oliver: Knaurs Singvögel der Welt; Droemer/Knaur, München

Austin, Oliver: Knaurs Wasser- und Wattvögel der Welt; Droemer/Knaur, München

Brehm, Alfred E.: Brehm's Tierleben; Brockhaus, Wiesbaden

Cerny, Walter: Welcher Vogel ist das?; Kosmos-Franckh, Stuttgart

Engel, Fritz Martin: Das große Buch der Vögel; Keyser, München

Heintzel, Hermann, u.a.: Pareys Vogelbuch; Parey, Hamburg

Pfeifer, S.: Taschenbuch für Vogelschutz; Limpert, Bad Homburg

Würmli, Marcus (Hrsg.): Das große Lexikon der Natur; Südwest, München

Spezialbücher für Teichanlagen

Herkner, Hugo: Rund um den Wassergarten; BLV, München

Wachter, Karl: Der Wassergarten; Ulmer, Stuttgart

Zeitschriften

garten organisch – Organischer Landbau Verlag, Ulm

Gartenpraxis – Ulmer, Stuttgart

mein schöner Garten – Burda, Offenburg

Bezugsquellen

(Die hier genannten Adressen stellen lediglich Hinweise jedoch keine Empfehlung des Verfassers dar, Fachzeitschriften geben im Inseratenteil weitere Lieferantenadressen an.)

Vogelnisthöhlen, Futterhäuser, Schutzvorrichtungen

Schwegler, Vogelschutzgeräte, Heinkelstraße 35, 7060 Schorndorf

Bio-Gartenmarkt Keller, Konradstraße 17, 7800 Freiburg

Fledermaus-Kästen PURUS, Dr. Reichle, Postfach 31, 6800 Mannheim

Teichanlagen
Drebinger, Sulzbacherstraße 88, 8500 Nürnberg
Kawa Gartenteiche, Karl Wachter KG. 2081 Appen-Etz
U. Oldehoff, 8196 Achmühle b. Wolfratshausen
Plastoplan GmbH. 2355 Ruhwinkel-Wankendorf
H. Schmidt, Kupferstraße 62, 4670 Lünen

Teichfolien
Ing. Bauer, Espanstraße 12, 8560 Lauf
Fa. Held GmbH, Postfach 24, 7519 Gemmingen
Fa. Hindermann GmbH, Kunststoffverarbeitung, Postfach 1225, 4795 Delbrück

Wasserpflanzen
E. Maier, Hansell 155, 4401 Altenberge
E. Oldehoff, Sieglmühle 2, 8395 Hauzenberg/Krinning
Ludwig Vetter, 8331 Mitterskirchen

Wildheckenpflanzen
Versandbaumschule Rudi Hartmann, 2080 Pinneberg

Wildpflanzen und Samen
Blauetikett Bornträger GmbH, Postfach 4, 6521 Offstein (Kräuterwiese, Gewürzpflanzen, Wildstauden usw.)
D. Köhler, Leonhardistraße 28, 8201 Biberg (Wildkräuter und -pflanzen, Wiesenblumen usw. für naturnahe Gärten)

Kompostwürmer
O. Angst, Gryphiusweg 15, 6800 Mannheim 31
Wurmzucht-Farm K. Götzelmann, Alte Dorfstraße 1, 6457 Maintal 2
Eisenia GmbH & Co, Kapellenstraße 25, 6200 Wiesbaden

Raubmilben, Schlupfwespen
Jan Mertens B.V. Vergelt 3, NL-5991 P.J. Baarlo
Samen-Pusch, Isartorplatz 2, 8000 München 2
Gärtnerei Gembus, Sorgersweg 21, 8990 Lindau
Gärtnerei Mahler, Gutshof Eichberg, CH-5707 Seengen/Hallwiler See

Flugenten
Flugentenzucht H. Henkenjohann, 4815 Schloß Holte

Kontaktadressen für Auskünfte

Bund Naturschutz in... alle Bundesländer – z.B.: Bund Naturschutz in Bayern e.V., Schönfeldstraße 8, 8000 München 22
Redaktion »garten organisch«, Postfach 3645, 7900 Ulm
Stiftung Ökologischer Landbau, Eisenbahnstraße 28, 6750 Kaiserslautern
abq-Bundesgeschäftsstelle, Postfach 1112, 7900 Ulm
Fördergemeinschaft organisch-biologischer Land- und Gartenbau e.V., Bahnhofstraße 1, 7326 Heiningen
Forschungsring für Biologisch-Dynamische Wirtschaftsweise, Baumschulenweg 11, 6100 Darmstadt 3
Collegium Humanum, Akademie für Umwelt und Lebensschutz, Bretthorststraße 204, 4973 Vlotho
Weitere Kontaktadressen und Berater über die genannten Anschriften.

Register

Kursiv gesetzte Zahlen verweisen auf Abbildungen

Bildnachweis

Farbige Graphiken
Die Abbildungen 1–3, 6, 8–14, 17–32, 34, 36–38, 40–51, 53–57 stammen von
Fritz Martin Engel

Die Abbildungen 4, 5, 7, 15, 16, 33, 35, 39, 52 stammen von
Stephan Schimmel

Schwarzweiß-Zeichnungen
Stephan Schimmel: Seite 48, 53, 54, 55, 57, 58, 59, 64, 65, 67, 69, 107, 110, 121, 125
Die technischen Darstellungen zeichnete der Autor

Fotos
Erika Drave, München, Seite 32 – Prof. Dr. Otto Graff, Braunschweig, S. 20 (1) – Reinhard Hund, Mannheim, S. 20 (1) – A. Kiefer, Freiburg (Brsg.), S. 114 (1), S. 124 – Willi Knöll, Heidelberg, S. 52 (1) – Köberl Naturteichbau, Gingen/Fils, S. 133, S. 136 – W. Kratz, Königshagen, S. 62, 72, 81, 87, 94 – Schwegler Vogelschutz, Schorndorf, S. 104 (1), S. 114 (3) – Helmut Snoek, Opfenbach, S. 42, S. 52 (1), S. 104 (1) – Georg E. Siebeneicher, Ulm, S. 10 (2 Archiv), S. 20 (1 Archiv) – Gretel Stölzle, Kempten, S. 29 – Dr. Günter Trolldenier, Hannover, S. 10 (2).